Johanna Härtl

Grundwissen

Formelsammlung Wirtschaft

Mit Erläuterungen und Anwendungshilfen

Herausgegeben in Zusammenarbeit mit dem FORUM Berufsbildung

2. überarbeitete und erweiterte Auflage

Cornelsen

Verlagsredaktion: Erich Schmidt-Dransfeld
Technische Umsetzung: TypeArt, Grevenbroich
Umschlaggestaltung: Gabriele Matzenauer, Berlin
Titelfoto: © Jonathan Kitchen / gettyimages®

Informationen über Cornelsen Fachbücher und Zusatzangebote:
www.cornelsen.de/berufskompetenz

2., überarbeitete und erweiterte Auflage

Druck: Beltz Bad Langensalza GmbH

ISBN 978-3-589-24237-5

Inhalt gedruckt auf säurefreiem Papier
aus nachhaltiger Forstwirtschaft.

Vorwort

Dieses Buch spricht Sie an, wenn Sie sich auf den rechnerischen Teil einer Prüfung zum Abschluss eines Kurses der Fort- und Weiterbildung optimal vorbereiten möchten. Niemand kann alle notwendigen Formeln aus dem Kopf parat haben und in den meisten Prüfungen ist auch eine Formelsammlung zur Benutzung zugelassen, was der jeweiligen Prüfungsordnung entnommen werden kann und/oder meist auch mit der Einladung zur Prüfung nochmals konkret mitgeteilt wird.

Berücksichtigt sind alle wesentlichen Formeln, die in VWL, BWL mit Rechnungswesen und den wichtigsten betrieblichen Funktionsbereichen (Absatz/ Marketing, Finanzierung und Investition, Lager- und Materialwirtschaft, Personalwesen, Produktion, Statistik) benötigt werden. Dabei bietet dieser umfassende Band zwei Vorteile: Er ist thematisch gegliedert und zeigt Ihnen so als Benutzer/-in die fachlichen Zusammenhänge auf; sie müssen nicht lange hin- und herblättern, wenn Sie sich mit einem bestimmten Thema ausführlicher beschäftigen. Angegeben sind jeweils die Formel, eine kurze Erläuterung und Hinweise zur Anwendung. Natürlich lassen sich auch einzelne Formeln problemlos auffinden, wenn Sie gezielt nachschlagen möchten - dafür sorgt ein sehr ausführliches Stichwortverzeichnis.

In dieser Form aufbereitet bleibt die Formelsammlung auch nach Kurs und Prüfung für Sie ein ausgesprochen nützliches Nachschlagewerk in Ihrer beruflichen Praxis.

Autorin und Verlag wünschen Ihnen gutes Gelingen.

Inhaltsverzeichnis

Formeln bzw. Kennzahlen und Berechnungsschemata sind nicht immer eindeutig einem bestimmten Gebiet zuzurechnen. Zur Auffindung dient das ausführliche Stichwortverzeichnis. Es ist grundsätzlich auf die individuelle Frage- bzw. Aufgabenstellung von Übungen oder Prüfungen zu achten.

1 Rechnungswesen

1.1 Fixe und variable Kosten, Gesamtkosten, Stückkosten

$K = K_{fix} + K_{var}$ — Gesamtkosten K = fixe Gesamtkosten K_{fix} + variable Gesamtkosten K_{var}

$K = K_{fix} + k_{var} \cdot x$ — Gesamtkosten K = fixe Gesamtkosten + variable Stückkosten · Stück

$\frac{K}{x} = k$ — $\frac{\text{Gesamtkosten}}{\text{Stück}}$ = Stückkosten = Kosten pro Stück (fix und variabel)

$K = x \cdot k$ — Gesamtkosten = Stück · Kosten pro Stück

$\frac{K_{fix}}{x} = k_{fix}$ — $\frac{\text{fixe Gesamtkosten}}{\text{Stück}}$ = fixe Kosten pro Stück

$x \cdot k_{fix} = K_{fix}$ — Stück · fixe Kosten pro Stück = fixe Gesamtkosten

$\frac{K_{var}}{x} = k_{var}$ — $\frac{\text{variable Gesamtkosten}}{\text{Stück}}$ = variable Kosten pro Stück

$x \cdot k_{var} = K_{var}$ — Stück · variable Kosten pro Stück = variable Gesamtkosten

$k_{var} + k_{fix} = k$ — variable Kosten pro Stück + fixe Kosten pro Stück = Stückkosten = Kosten pro Stück (fix und variabel)

Erläuterung von Abkürzungen, Bezeichnungen, Benennungen

Statt „var" für variabel und „fix" für fix verwendet man häufig „v" und „f", z.B.: $K = K_f + k_v \cdot x$

Großbuchstaben benutzt man für einen Gesamtbetrag, Kleinbuchstaben für Angaben pro Einheit, z.B. K = Gesamtkosten, k = Kosten pro Stück

x steht für Menge. Es kann sich um Stück, Liter, Kilogramm, Kilometer etc. handeln.

1.2 Interpretation von Kennzahlen und deren Veränderung

Absolute Kennzahlen geben absolute Veränderungen an und haben begrenzte Aussagekraft. Beispiel: Der erwirtschaftete Gewinn beträgt 2.000 €. Das kann viel oder wenig sein.

Relative Kennzahlen setzen Größen zueinander in Beziehung:

- Gliederungszahlen geben das Verhältnis eines Teils zum Ganzen an.

  Anteil eines Produktes am Gesamtumsatz $\frac{\text{Umsatz Produkt ADE}}{\text{Gesamtumsatz}} \cdot 100 = \frac{22.500€}{187.500€} \cdot 100 = 12\%$

- Beziehungszahlen geben das Verhältnis von qualitativ unterschiedlichen Größen an.

  Umsatz je Außendienstmitarbeiter $\frac{\text{Gesamtumsatz Deutschland}}{\text{Zahl der Außendienstmitarbeiter}} = \frac{3.240.000€}{45\ \text{Mitarbeiter}} = 72.000€$

- Indexzahlen drücken das Verhältnis qualitativ gleicher Größen zu verschiedenen Zeitpunkten oder Orten aus.

  Entwicklung der Rohstoffpreise $\frac{\text{Rohstoffpreis im Juni}}{\text{Rohstoffpreis im Januar}} = \frac{32€\ \text{pro kg}}{25€\ \text{pro kg}} = 1{,}28$ oder 128 %

  Die Preissteigerung beträgt innerhalb eines halben Jahres 28 %.

Tipp! Eine Kennzahl, die nicht mit anderen Größen verglichen oder in Bezug gesetzt werden kann, hat meist begrenzte Aussagekraft. Ist die Veränderung von Kennzahlen zu interpretieren, bieten sich häufig einige Möglichkeiten, wie folgendes Beispiel zeigt.

Berechnung der Anlageintensität im letzten Jahr (AV = Anlagevermögen, UV = Umlaufvermögen):

$$\frac{\text{Anlagevermögen}}{\text{Gesamtvermögen}} \cdot 100 = \frac{\text{Anlagevermögen}}{\text{AV} + \text{UV}} \cdot 100 = \frac{10.000€}{100.000€} \cdot 100 = \frac{10.000€ \cdot 100}{10.000€ + 90.000€} = 10\%$$

Die Anlageintensität erhöht sich auf 20 %. Dafür kann es mehrere Erklärungen geben.

$$\frac{20.000€}{20.000€ + 80.000€} \cdot 100 = 20\ \%$$

Das Anlagevermögen ist durch Zukauf gestiegen. Da das Gesamtvermögen unverändert bleibt, muss das Umlaufvermögen gesunken sein. Die Lagerbestände könnten verringert worden sein.

$$\frac{10.000€}{10.000€ + 40.000€} \cdot 100 = 20\ \%$$

Das Anlagevermögen bleibt unverändert. Das Gesamtvermögen ist halbiert worden. Das Umlaufvermögen muss gesunken sein. Es sind z.B. weniger Rohstoffe auf Lager oder/und die Forderungen haben abgenommen.

1.3 Kostenauflösung, Streupunktdiagramm

Ermittlung von fixen und variablen Kosten bei bekannter Beschäftigung
Sind verschiedene Gesamtkosten mit zugehöriger Beschäftigung (z.B. Stückzahl) gegeben, können die variablen Kosten je Einheit durch Bildung des Quotienten aus der Kosten- und der Beschäftigungsdifferenz errechnet werden. Die fixen Kosten ergeben sich anschließend aus der Differenz der Gesamtkosten und der entsprechenden variablen Kosten.

$$k_{var} = \frac{\text{Kostendifferenz}}{\text{Beschäftigungsdifferenz}} = \frac{\Delta K}{\Delta B}$$

$$k_{var} = \frac{K_2 - K_1}{B_2 - B_1}$$

$K_{fix} = K_2 - k_{var} \cdot B_2$ oder

$K_{fix} = K_1 - k_{var} \cdot B_1$

k_v = variable Kosten pro Einheit, K_f = fixe Gesamtkosten, B = Beschäftigung

Im Januar fielen bei 1.000 Stunden 13.000 € Gesamtkosten an, im Februar bei 1.250 Stunden 15.500 € Gesamtkosten.

K_1 = 13.000 €, B_1 = 1.000 Std. Kostendifferenz $= K_2 - K_1$

K_2 = 15.500 €, B_2 = 1.250 Std. Beschäftigungsdifferenz $= B_2 - B_1$

$$k_v = \frac{\text{Kostendifferenz}}{\text{Beschäftigungsdifferenz}} = \frac{15.500 - 13.000}{1.250 - 1.000} = \frac{2.500}{250} = 10\text{ € var. Kosten/Std.}$$

$K_f = K_2 - k_v \cdot B_2 = 15.500 - 10 \cdot 1.250 = 3.000$ € fixe Kosten
oder
$K_f = K_1 - k_v \cdot B_1 = 13.000 - 10 \cdot 1.000 = 3.000$ € fixe Kosten

Tipp! Da sich die gesamten fixen Kosten pro Monat nicht ändern, ist es ausreichend, sie für einen Monat zu berechnen. In den anderen Monaten weisen sie die gleiche Höhe auf.

Die Kostenfunktion lautet:
$K = K_f + k_v \cdot x$
Gesamtkosten = gesamte fixe Kosten + variable Kosten pro Stück · Stückzahl
$K = 3.000 + 10 \cdot x$
Umsatzfunktion:
$U = p \cdot x$ Umsatz = Verkaufspreis · Menge
Verkaufspreis = Erlös = Preis = Absatzpreis

Tipp! Beschäftigung kann angegeben werden in Stunden, Stück, Liter, Kilogramm, Tonnen, Quadratmeter, Kubikmeter usw., also in erbrachter Leistung in einer bestimmten Zeit.

Wird die Methode der Kostenauflösung in der Planungsrechnung angewendet, wird die Linie der Gesamtkosten meist mit Soll-Kostenlinie bezeichnet und man spricht von geplanten variablen Stückkosten (k_{vp}) und geplanten fixen Kosten (K_{fp}). Fixkosten sind beschäftigungsunabhängig.

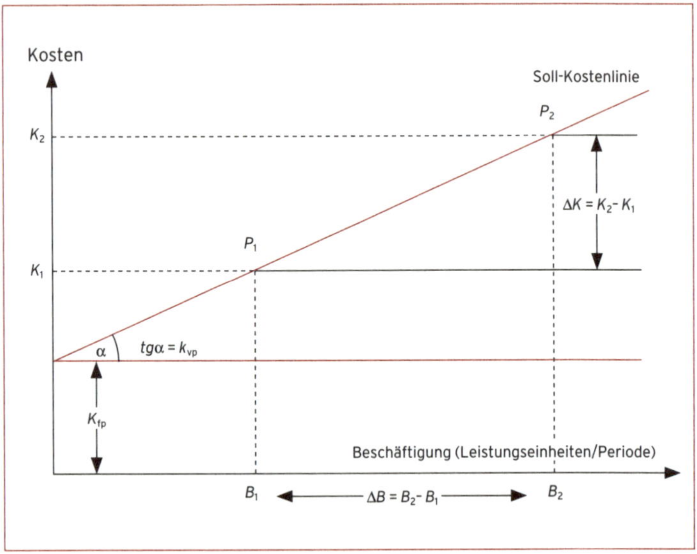

Grafische Darstellung der Kostenauflösung

Streupunktdiagramm

Sind Beschäftigung und Gesamtkosten z.B. verschiedener Monate gegeben, kann man mit Hilfe einer Geraden, die man möglichst genau durch die Mitte der verstreuten Punkte legt, die ungefähren Fixkosten an der y-Achse ablesen, die in den Gesamtkosten enthalten sind. Fixkosten pro Monat ändern sich meist nicht, da sie unabhängig von der Beschäftigung anfallen.

Monat	Stunden	Kosten in €
Mai	25	1.000
Juni	30	1.050
Juli	35	1.100
August	32	1.020
September	34	1.120

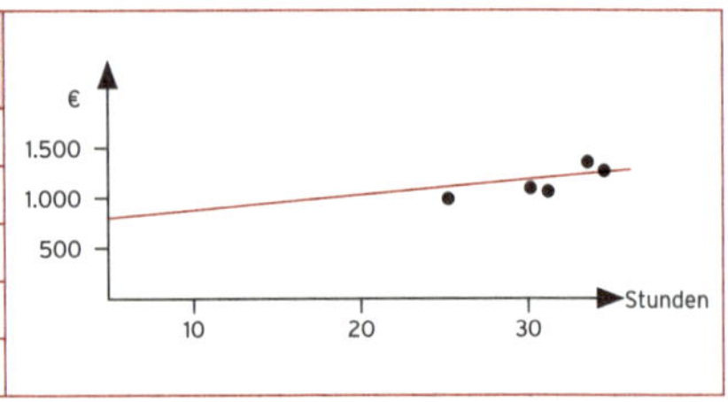

1.4 Fixe und variable Kosten

Fixe Kosten	Mengenbezogen (Gesamtmenge)	Stückbezogen
Gleichbleibende Kosten z.B. Hallenmiete	Gleichbleibende Höhe bei Mengenänderung	Steigende Mengenausbringung: fallend pro Stück Fallende Mengenausbringung: steigend pro Stück
Sprungfixe Kosten z.B. Abschreibung der nächsten Maschine	Bei bestimmter Mengensteigerung Kostensprung nach oben durch Einsatz einer weiteren Maschine, dann wieder gleichbleibende Höhe bei Mengenänderung	Steigende Mengenausbringung: fallend pro Stück Fallende Mengenausbringung: steigend pro Stück

Fixe Kosten

- sind beschäftigungsunabhängig, z.B. 500€ Miete pro Monat
- sind veränderliche Stückkosten
  bei 1.000€ Miete pro Monat ergibt sich kalkulatorisch:
  bei einer Produktion von 1.000 Stück → 1€ Miete/Stück
  von 500 Stück → 2€ Miete/Stück
  von 100 Stück → 10€ Miete/Stück

Fixe Kosten sind z.B. kalkulatorische Abschreibung, kalk. Zinsen, kalk. Miete, Versicherungen, Instandhaltungs- und Wartungsverträge, Rüstkosten, Gehälter, Grundgebühren ...

Je nach Angabe können hier genannte fixe Kosten manchmal auch als variable Kosten kalkuliert werden oder zum Teil fix und zum Teil variabel, z.B. die Abschreibung (bezogen auf Zeit und Leistung). Fixkostendegression bezeichnet das Sinken des Fixkostenanteils pro Stück bei steigender Beschäftigung. Die gesamten Fixkosten verteilen sich bei steigender Ausbringung auf eine größere Produktionsmenge.

Variable Kosten (veränderliche Kosten)	Mengenbezogen (Gesamtmenge)	Stückbezogen
Proportionale Kosten z.B. Materialaufwand	Kosten steigen und fallen gleichmäßig mit der Mengenausbringung	Kosten verhalten sich gleichbleibend bei Mengenänderungen
Progressive Kosten z.B. Überstundenzuschläge	Steigender Beschäftigungsgrad: Kosten steigen im Verhältnis zur Mengenänderung stärker (überproportional)	Steigender Beschäftigungsgrad: Kosten steigen im Verhältnis zur Mengenänderung stärker (überproportional)
Degressive Kosten z.B. Mengenrabatt bei Materialeinkauf	Steigender Beschäftigungsgrad: Kosten steigen im Verhältnis zur Mengenänderung geringer (unterproportional)	Steigender Beschäftigungsgrad: Kosten steigen im Verhältnis zur Mengenänderung geringer (unterproportional)

Regressive Kosten z.B. fallende Heizkosten in einem zunehmend besetzten Sitzungsraum	Steigender Beschäftigungsgrad: Kosten sinken relativ und absolut	Diese Kostenart tritt in der Praxis selten auf und wird hier nur vollständigkeitshalber genannt.

Variable Kosten

- sind beschäftigungsabhängig, z.B. 50€ Material pro Tisch
- sind konstante Stückkosten
  50€ Materialkosten pro Tisch ergeben bei 10 Tischen 500€ Materialkosten
  50€ Materialkosten pro Tisch ergeben bei 30 Tischen 1.500€ Materialkosten

Variable Kosten sind z.B. Materialverbrauch, Fertigungslöhne, Betriebsstoffe, Werkzeugverbrauch, Energieverbrauch ...

Je nach Angabe können hier genannte variable Kosten manchmal auch als fixe Kosten kalkuliert werden, z.B. der Werkzeugverbrauch.

Tipp! Zur Entscheidung, ob fixe oder variable Kosten vorliegen, stellt man sich die Frage: Verändern sich die Kosten insgesamt, wenn mehr oder weniger produziert wird?

- Rüstkosten sind unabhängig von der anschließend produzierten Menge → Fixkosten.
- Der Energieverbrauch hängt von der hergestellten Menge ab → variable Kosten.

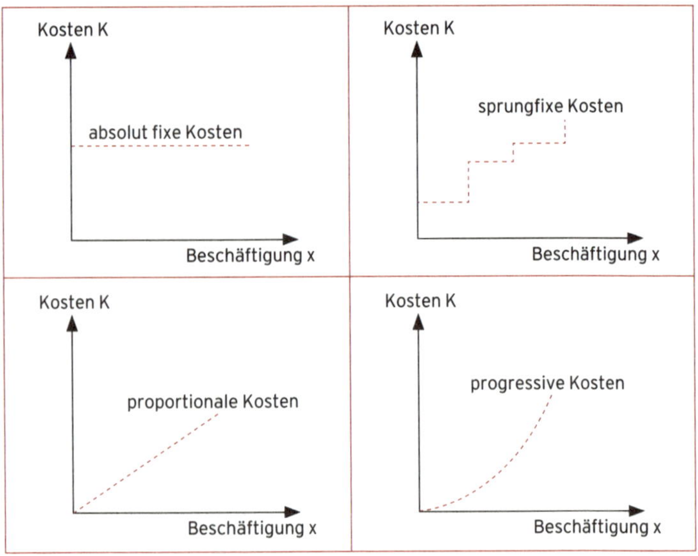

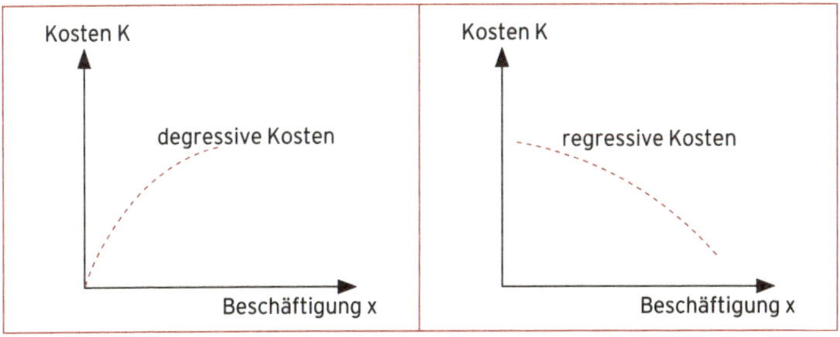

Grafische Darstellung von Kostenverläufen

Mischkosten sind Kosten mit fixen und variablen Kostenanteilen, z.B. Energie (Grundgebühr und Energieverbrauch) oder Telefonkosten (Grundgebühr und Telefoneinheiten).

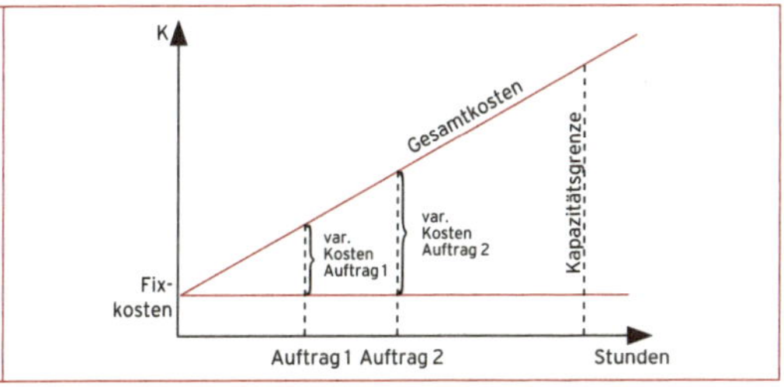

Grenzkosten entstehen durch die Produktion einer weiteren Einheit. Wird auf einer Maschine ein Stück mehr produziert, bestehen die Grenzkosten aus den Materialeinzel- und den Fertigungseinzelkosten, also variablen Kosten. Muss zur Erfüllung eines Auftrages dieses eine Stück auf der nächsten Maschine gefertigt werden, treten neben den variablen Kosten auch die fixen Kosten der neu in Anspruch genommenen Kapazität auf. In diesem Fall setzen sich die Grenzkosten aus den variablen Kosten und den fixen Kosten zusammen. Statt die Grenzkosten auf einzelne Stück zu beziehen, kann es sich auch um einzelne Aufträge oder Losgrößen handeln.

$$\text{Grenzkosten} = \frac{\text{neue Gesamtkosten} - \text{alte Gesamtkosten}}{\text{neue Produktionsmenge} - \text{alte Produktionsmenge}}$$

Einzelkosten sind den Kostenträgern direkt zurechenbar, z.B. Fertigungsmaterial und Fertigungslöhne (variable Kosten).

Gemeinkosten (meist fixe Kosten) sind den Kostenträgern nur indirekt zuzurechnen oder der Aufwand für die Zurechnung wäre unverhältnismäßig hoch. Die Verrechnung erfolgt über Kostenstellen mit Hilfe von Verteilungsschlüsseln und Zuschlagssätzen.

Kostenstelleneinzelkosten (Kostenträgergemeinkosten) sind Gemeinkosten, die auf die Kostenstellen direkt zugerechnet werden können (z.B. Gehalt des Kostenstellenleiters, kalkulatorische Abschreibung der Maschinen der Kostenstelle).

Kostenstellengemeinkosten sind Gemeinkosten, die auf die Kostenstellen nur indirekt über Verrechnungsschlüssel zugerechnet werden können (z.B. Kosten für Kantine, Gebäudeabschreibung).

1.5 Reagibilitätsgrad

Der Reagibilitätsgrad (R) gibt an, um wie viel sich die variablen Kosten bei einer Veränderung des Beschäftigungsgrades um eine Einheit ändern. Eine Einheit kann auch eine Losgröße sein, z.B. 100 Stück. Das Vorzeichen bei den Änderungen spielt keine Rolle, ob also etwas im Zeitablauf mehr oder weniger wird. Nur die Höhe der Änderung ist zu erfassen.

Proportionale Kosten $R = 1$
Degressive Kosten $0 < R < 1$
Progressive Kosten $R > 1$

$$R = \frac{\text{Prozentuale Kostenänderung}}{\text{Prozentuale Beschäftigungsänderung}}$$

Ein Reagibilitätsgrad von 0 bedeutet, dass es sich um fixe Kosten handelt.

	Proportionale Kosten	Degressive Kosten	Progressive Kosten
März	5.000€ bei 1.000 Stück	5.000€ bei 1.000 Stück	5.000€ bei 1.000 Stück
April	5.500€ bei 1.100 Stück	4.620€ bei 1.100 Stück	6.600€ bei 1.100 Stück
	Beschäftigungsänderung = 10 % (1.100 : 1.000) · 100 = 110 % → Änderung um 10 %		
	Kostenänderung = 10 % (5.500 : 5.000) · 100 = 110 % → Änderung um 10 %	Kostenänderung = 7,6 % (4.620 : 5.000) · 100 = 92,4 % → Änderung um 7,6 %	Kostenänderung = 32 % (6.600 : 5.000) · 100 = 132 % → Änderung um 32 %
	$R = \frac{10}{10} = 1$	$R = \frac{7,6}{10} = 0,76 < 1$	$R = \frac{32}{10} = 3,2 > 1$

1.6 Nutzkosten, Leerkosten, Beschäftigungsgrad

Nutzkosten	Leerkosten
Nutzkosten (€/Periode) = fixe Kosten gesamt · Beschäftigungsgrad	Leerkosten (€/Periode) = fixe Kosten gesamt − Nutzkosten oder fixe Kosten gesamt · ungenutzte Kapazität in %
Genutzter Teil der Kapazität	Nicht genutzter Teil der Kapazität
Je nach Angabe: €/Monat/Quartal/Jahr/Auftrag Beschäftigungsgrad = Kapazitätsauslastung = genutzter Teil der Kapazität	
Eine Maschine ist zu 75 % ausgelastet. Sie verursacht fixe Kosten von 120.000€. Nutzkosten = 120.000€ · 75% = 90.000€	Leerkosten = 120.000€ − 90.000€ = 30.000€ oder 120.000€ · 25 % = 30.000€

Beschäftigungsgrad, Kapazitätsauslastung	
$= \frac{\text{tatsächliche Auslastung}}{\text{technische Maximalauslastung (Kapazität)}} \cdot 100$	$= \frac{\text{tatsächliche Nutzungszeit}}{\text{verfügbare Nutzungszeit}} \cdot 100$
$= \frac{\text{800 Liter}}{\text{1.150 Liter}} \cdot 100 = 69{,}57\ \%$	$= \frac{\text{1.870 Stunden}}{\text{2.100 Stunden}} \cdot 100 = 89{,}05\ \%$
Kapazität bzw. Auslastung kann angegeben werden in Stunden, Stück, Auftragslosen, Kilogramm, Liter, Quadratmeter usw.	
$= \frac{\text{Ist-Fertigungsstunden}}{\text{Soll-Fertigungsstunden}} \cdot 100$	$= \frac{\text{Fertigungszeiten + Hilfszeiten}}{\text{Theoretische Einsatzzeit}} \cdot 100$

1.7 Wagniszuschlag

Wagniszuschläge fließen u.a. in die Kalkulation ein, wenn etwas z.B. nicht versicherbar ist (allgemeines Unternehmerwagnis) oder nicht versichert wird. Dadurch können Reserven für den Ernstfall gebildet und gleichzeitig kann so das Kapital vermehrt werden.

$$\text{Wagniszuschlag} = \frac{\text{eingetretener Verlust}}{\text{Bezugsgröße}} \cdot 100$$

Absatzwagnisse	**Produktionswagnisse**
Vertriebswagnis	Anlagewagnis, Beständewagnis
Gewährleistungswagnis	Mehrkosten-, Fertigungswagnis, Entwicklungswagnis

Wagnisse	**Bezugsgröße**
Vertriebswagnis z.B. Forderungsausfälle, Währungsverluste	Umsatz
Anlagewagnis z.B. Maschinenausfälle, vorzeitiges Nutzungsende	Anschaffungswert
Mehrkosten-, Fertigungswagnis z.B. Ausschuss, Nacharbeit	Herstellkosten
Gewährleistungswagnis z.B. Preisnachlässe, Ersatzlieferungen, Garantieleistungen	Umsatz
Entwicklungswagnis z.B. Fehlentwicklung	Herstellkosten
Beständewagnis z.B. Veralterung, Qualitätsminderung, Schwund	Herstellkosten
Usw.	Usw.
Beim Rohstoff Y20 sind durchschnittlich bei einem Lagerbestand im Wert von 580.000€ Teile im Wert von 20.000€ aufgrund von Qualitätsmängeln nicht zu gebrauchen. $\text{Wagniszuschlag} = \frac{20.000\ €}{580.000\ €} \cdot 100 = 3{,}45\%$	

1.8 Gemeinkosten, Einzelkosten, Vorkalkulation, Überdeckung

Normal-Gemeinkosten bzw. Normal-Gemeinkostenzuschlagssätze werden aus den Werten der Vergangenheit als Durchschnitt gebildet und dienen als Vergleichsgröße mit den **Ist-Gemeinkosten** (tatsächlich angefallene Kosten) bzw. den Ist-Gemeinkostenzuschlagssätzen.

Die **Vorkalkulation** (Angebotsabgabe, Angebotskalkulation) erfolgt mit Normal-Zuschlagssätzen, die **Nachkalkulation** mit Ist-Zuschlagssätzen.

Auch **Einzelkosten** können sich zwischen der Angebotsabgabe und der Beendigung eines Auftrags verändern. Materialeinzelkosten können sich durch vermehrten Ausschuss oder Preiserhöhungen verteuern, Fertigungseinzelkosten (Fertigungslöhne) aufgrund einer Lohnerhöhung steigen.

Überdeckungen und Unterdeckungen kann es sowohl bei Gemein- als auch bei Einzelkosten geben.

Überdeckung: Die Ist-Kosten sind niedriger ausgefallen als die vorkalkulierten Normal-Kosten. Es wurden Kosten eingespart oder Preise zu hoch angesetzt.

Unterdeckung: Die Ist-Kosten sind höher ausgefallen als die vorkalkulierten Normal-Kosten. Es wurden Kosten überschritten oder Preise zu niedrig angesetzt. Die Gründe sind zu analysieren.

1.9 Betriebsergebnis, Umsatzergebnis, Betriebsleistung

Betriebsergebnis$_{gesamt}$ = Erlöse$_{gesamt}$ - Kosten$_{gesamt}$ Gewinn = Umsatz - Kosten

Betriebsergebnis = Umsatzerlöse - Selbstkosten

Kosten$_{gesamt}$ = Fixkosten gesamt + variable Kosten/Einheit · Einheiten

$K = K_f + k_v \cdot x$

Allgemeine Berechnung des Betriebsergebnisses:

	Erlöse
-	Fixkosten gesamt
-	variable Kosten gesamt
=	Betriebsergebnis (Gewinn oder Verlust)

Zwischensumme bei Bestandsveränderungen von unfertigen und fertigen Erzeugnissen

	Herstellkosten der Abrechnungsperiode
+/-	Bestandsveränderungen an unfertigen Erzeugnissen (+ Minderbestand, - Mehrbestand)
=	Herstellkosten der Fertigung
+/-	Bestandsveränderungen an fertigen Erzeugnissen (+ Minderbestand, - Mehrbestand)
=	Herstellkosten des Umsatzes

Zuordnung von Begriffen in der Vor- und Nachkalkulation bezogen auf verkaufte Produkte
Der erwartete betriebliche Gewinn, der in der **Vorkalkulation** durch Subtraktion der erwarteten Kosten von den Umsatzerlösen ermittelt wird, wird als Umsatzergebnis bezeichnet.
Umsatzerlöse - Selbstkosten (**Vorkalkulation**)
= **Umsatzergebnis**
Das Ergebnis in der **Nachkalkulation** mit den tatsächlichen Kosten stellt das Betriebsergebnis dar.
Umsatzerlöse - Selbstkosten (**Nachkalkulation**)
= **Betriebsergebnis**
Die Differenz zwischen dem Umsatzergebnis aus der Vorkalkulation und dem Betriebsergebnis aus der Nachkalkulation beruht auf den Über- und Unterdeckungen.
Umsatzergebnis + Über-/- Unterdeckungen
= **Betriebsergebnis**
Berechnung der Betriebsleistung bezogen auf Verkaufs- und Lagerleistungen
Getätigte Umsätze (Verkäufe, Erlöse) + Bestandserhöhungen an fertigen und unfertigen Erzeugnissen - Bestandsminderungen an fertigen und unfertigen Erzeugnissen - Erlösschmälerungen (z.B. Rabatte, Skonti, Boni, Nachlässe an Kunden)
= **Betriebsleistung/Netto-Betriebsleistung**

Tipp! Bei Berechnung der Herstellkosten des Umsatzes werden Minderbestände addiert und Mehrbestände subtrahiert, weil die Kosten der **abgesetzten** Produkte ermittelt werden. Bei Berechnung der Betriebsleistung ist es umgekehrt. Hier wird auch erfasst, was zwar produziert, aber noch nicht verkauft wurde und jetzt auf Lager liegt.

1.10 Betriebsabrechnungsbogen

1.10.1 Einfacher/einstufiger Betriebsabrechnungsbogen

		Hauptkostenstellen			
Gemeinkosten	Summe	Material	Fertigung	Verwaltung	Vertrieb
Gehälter	10.000€	2.000€	3.000€	4.000€	1.000€
Soz. Abgaben	24.000€	1	3	2	2

Abschreibung	...				
Mieten	72.500€	3.000 m^2	10.000 m^2	500 m^2	1.000 m^2
Instandhaltung	...				
Steuern	...				
Usw.					
Summen	**...€**	**...€**	**...€**	**... €**	**...€**

Gemeinkosten werden z.B. auf der Basis folgender Daten verteilt (Verteilungsschlüssel): Mitarbeiterzahl, Anlagenwerte (für Abschreibung), Fläche, Lohn- und Gehaltssumme, Maschinenstundenzahl.

Sollen z.B. die sozialen Abgaben nach den angegebenen Verhältniszahlen verteilt werden, rechnet man 24.000€ : 8 Teile = 3.000€/Teil. Entsprechend entfallen auf die Materialstelle 3.000€, auf die Fertigung 9.000€, auf Verwaltung 6.000€ und auf Vertrieb 6.000€.

Sollen z.B. die Mieten nach den angegebenen Quadratmetern verteilt werden, rechnet man 72.500€ : 14.500 m^2 = 5€/m^2. Entsprechend entfallen auf die Materialstelle 15.000€ (3.000 $m^2 \cdot$ 5€/m^2), auf die Fertigung 50.000€ (10.000 $m^2 \cdot$ 5€/m^2) usw.

Tipp! Man kann die Quadratmeter durch Kürzen auch in Verhältniszahlen umwandeln. Man erhält dadurch 3 : 10 : 0,5 : 1 und teilt entsprechend 72.500€ durch 14,5, wodurch sich 5.000€ je Anteil ergeben (Materialstelle: 3 · 5.000€ = 15.000€).

Tipp! Werden die Zuschlagsbasen zur Berechnung der Gemeinkostenzuschlagssätze direkt im Betriebsabrechnungsbogen angegeben, können sie über oder unter den Gemeinkosten in der Spalte der jeweiligen Kostenstelle zu finden sein und dürfen in keinem Fall zur Summe der Gemeinkosten addiert werden.

Die Zuschlagsbasis zur Berechnung der Verwaltungs- und Vertriebsgemeinkostenzuschlagssätze kann mit Hilfe der Zuschlagskalkulation ermittelt werden, nämlich die Herstellkosten.

  Materialeinzelkosten
\+ Materialgemeinkosten
  (ergibt sich als Summe nach Verteilung der Gemeinkosten)
\+ Fertigungseinzelkosten
\+ Fertigungsgemeinkosten
  (ergibt sich als Summe nach Verteilung der Gemeinkosten)

= Herstellkosten (bilden die gesuchte Zuschlagsbasis für Verwaltungs- und Vertriebsstelle)

1.10.2 Mehrstufiger/erweiterter Betriebsabrechnungsbogen (BAB) (Aufbau)

Kostenstellen / Kostenarten	Summe	Allgemeine Kostenstellen		Material	Fertigung					Verwaltung	Vertrieb
					Hilfsstelle	Hilfsstelle	Hauptstelle	Hauptstelle	Hauptstelle		
		1	2		1	2	A	B	C		
Hilfslöhne Abschreibung usw.											

Mehrstufiger/erweiterter Betriebsabrechnungsbogen (BAB) (Rechenschema)

Gemeinkosten	Summe	Allg. Kostenstelle	Material	Fertigung			Verwaltung	Vertrieb
				Fertigungshilfsstelle	Hauptstelle Fertigung A	Hauptstelle Fertigung B		
Miete								
Usw.								
Summen		...€	...€	...€	...€	...€	...€	...€
		↳	→	→	→	→	→	→
Summen			...€	...€	...€	...€	...€	...€
				↳	→	→	0	0
Summen	...€	0	...€	0	...€	...€	...€	...€

Die Kosten der allgemeinen Kostenstelle werden auf alle anderen Kostenstellen verteilt. Die Kosten der Fertigungshilfsstelle (inklusive der von der allg. Kostenstelle erhaltenen Kosten) werden auf die Fertigungshauptstellen verteilt. Allgemeine Kostenstellen sind z.B. Fuhrpark oder Kantine. Fertigungshilfsstellen sind z.B. Montage oder Arbeitsvorbereitung.

1.10.3 BAB mit Leistungsaustausch – Anbauverfahren

Es werden nur die Leistungen berücksichtigt, die die Hilfskostenstellen an die Hauptkostenstellen abgeben. Die Leistungen, die die Hilfskostenstellen untereinander austauschen, werden nicht beachtet und sind hier auch nicht angegeben.

Hilfskostenstelle 1 gibt 150 Stunden ab an Material, 200 Stunden an Fertigung und 50 Stunden an Verwaltung.

Hilfskostenstelle 2 gibt 4.000 km ab an Material, 20.000 km an Fertigung und 1.000 km an Verwaltung.

Hilfskostenstelle 3 gibt 300 Stück ab an Material, 1.100 Stück an Fertigung und 200 Stück an Verwaltung.

Umlage von Hilfskostenstelle 1:

1.000€ : 400 Std. = 2,50€/Std.

Belastung der Materialstelle:	150 Std. · 2,50€/Std. =	375,00€
Belastung der Fertigungsstelle:	200 Std. · 2,50€/Std. =	500,00€
Belastung der Verwaltung:	50 Std. · 2,50€/Std. =	125,00€

Umlage von Hilfskostenstelle 2:

4.000€ : 25.000 km = 0,16€/km

Belastung der Materialstelle:	4.000 km · 0,16€/km =	640,00€
Belastung der Fertigung:	20.000 km · 0,16€/km =	3.200,00€
Belastung der Verwaltung:	1.000 km · 0,16€/km =	160,00€

Umlage von Hilfskostenstelle 3:

6.000€ : 1.600 Stück = 3,75€/Stück

Belastung der Materialstelle:	300 Stück · 3,75€/Stück =	1.125,00€
Belastung der Fertigung:	1.100 Stück · 3,75€/Stück =	4.125,00€
Belastung der Verwaltung:	200 Stück · 3,75€/Stück =	750,00€

Kostenstellen	**Hilfskostenstellen**			**Hauptkostenstellen**		
Kostenarten ↓	1	2	3	Material	Fertigung	Verwaltung
Primäre Gemeinkosten	1.000€	4.000€	6.000€	20.000€	50.000€	18.000€
Erhaltene Leistung				150 Std. 4.000 km 300 Stück	200 Std. 20.000 km 1.100 Stück	50 Std. 1.000 km 200 Stück
Umlage 1	↳			375,00€	500,00€	125,00€
Umlage 2		↳		640,00€	3.200,00€	160,00€
Umlage 3			↳	1.125,00€	4.125,00€	750,00€
Summe der Gemeinkosten	0,00€	0,00€	0,00€	22.140,00€	57.825,00€	19.035,00€

1.10.4 BAB mit Leistungsaustausch – Stufenleiterverfahren

Es werden nur die Leistungen berücksichtigt, die im BAB nach rechts abgegeben werden. Die Leistungen, die die Hilfskostenstellen nach links abgeben, werden nicht beachtet und sind hier auch nicht angegeben. Es wird also nicht berücksichtigt, was die Hilfskostenstelle 2 an Stelle 1 abgibt und nicht, was die Hilfskostenstelle 3 an Stelle 2 und Stelle 1 abgibt.

Zum Teil veränderte Mengenangaben im Vergleich zum BAB mit Anbauverfahren zur Vermeidung „krummer" Euro-Beträge:

Hilfskostenstelle 1 gibt 20 Stunden ab an Stelle 2, 80 Stunden an Stelle 3, 150 Stunden an Material, 200 Stunden an Fertigung und 50 Stunden an Verwaltung.

Hilfskostenstelle 2 gibt 250 km ab an Stelle 3, 4.000 km an Material, 20.000 km an Fertigung und 1.000 km an Verwaltung.

Hilfskostenstelle 3 gibt 300 Stück ab an Material, 1.100 Stück an Fertigung und 600 Stück an Verwaltung.

Umlage von Hilfskostenstelle 1:

1.000€ : 500 Std. = 2,00€/Std.

Belastung der Stelle 2:	20 Std. · 2,00€/Std. =	40,00€
Belastung der Stelle 3:	80 Std. · 2,00€/Std. =	160,00€
Belastung der Materialstelle:	150 Std. · 2,00€/Std. =	300,00€
Belastung der Fertigungsstelle:	200 Std. · 2,00€/Std. =	400,00€
Belastung der Verwaltung:	50 Std. · 2,00€/Std. =	100,00€

Umlage von Hilfskostenstelle 2:

4.040€ : 25.250 km = 0,16€/km

Belastung der Stelle 3:	250 km · 0,16€/km =	40,00€
Belastung der Materialstelle:	4.000 km · 0,16€/km =	640,00€
Belastung der Fertigungsstelle:	20.000 km · 0,16€/km =	3.200,00€
Belastung der Verwaltung:	1.000 km · 0,16€/km =	160,00€

Umlage von Hilfskostenstelle 3:

6.200€ : 2.000 Stück = 3,10€/Stück

Belastung der Materialstelle:	300 Stück · 3,10€/Stück =	930,00€
Belastung der Fertigungsstelle:	1.100 Stück · 3,10€/Stück =	3.410,00€
Belastung der Verwaltung:	600 Stück · 3,10€/Stück =	1.860,00€

Kostenstellen	**Hilfskostenstellen**			**Hauptkostenstellen**		
Kostenarten ↓	1	2	3	Material	Fertigung	Verwaltung
Primäre Gemeinkosten	1.000€	4.000€	6.000€	20.000€	50.000€	18.000€
Erhaltene Leistung		20 Std.	80 Std. 250 km	150 Std. 4.000 km 300 Stück	200 Std. 20.000 km 1.100 Stück	50 Std. 1.000 km 600 Stück
Umlage 1	↳	40,00€	160,00€	300,00€	400,00€	100,00€

Zwischensumme	0,00€	**4.040**€	6.160€	20.300€	50.400,00€	18.100,00€
Umlage 2		↳	40,00€	640,00€	3.200,00€	160,00€
Zwischensumme		0,00€	**6.200,00**€	20.940,00€	53.600,00€	18.260,00€
Umlage 3			↳	930,00€	3.410,00€	1.860,00€
Summe der Gemeinkosten	0,00€	0,00€	0,00€	21.870,00€	57.010,00€	20.120,00€

1.10.5 Betriebsabrechnungsbogen mit gegenseitigem Leistungsaustausch von zwei Hilfskostenstellen – simultanes Gleichungsverfahren

Es werden alle Leistungen berücksichtigt, die im BAB ausgetauscht werden. Da die Kosten der abgebenden und der empfangenden Kostenstellen vom jeweiligen Leistungsaustausch abhängig sind, bietet das simultane Gleichungsverfahren eine genaue Lösungsmöglichkeit.

Die Hilfskostenstelle 1 gibt 500 Stunden ab. Diese verteilen sich auf alle anderen Stellen.

Die Hilfskostenstelle 2 gibt 27.000 km ab. Diese verteilen sich auf alle anderen Stellen.

Abgegebene Leistung = Summe der empfangenen Leistungen aller Stellen

Stelle 1: 500 Std. = 100 Std. + 150 Std. + 200 Std. + 50 Std.

Stelle 2: 27.000 km = 2.000 km + 4.000 km + 20.000 km + 1.000 km

x_1 = Kosten pro Stunde x_2 = Kosten pro km

Alle Kosten der Hilfskostenstellen, sowohl die primären Kosten als auch diejenigen, die von den anderen Hilfskostenstellen empfangen werden, müssen über die abgegebene Leistung verrechnet werden.

Hilfskostenstelle 1:
Primäre Gemeinkosten + Belastung von Stelle 2 = abgegebene Leistung · €/Std.
1.000€ + 2.000 km · x_2 = 500 Std. · x_1

Hilfskostenstelle 2:
Primäre Gemeinkosten + Belastung von Stelle 1 = abgegebene Leistung · €/km
4.000€ + 100 Std. · x_1 = 27.000 km · x_2

Gleichung I: $1.000 + 2.000\,x_2 = 500\,x_1$
Gleichung II: $4.000 + 100\,x_1 = 27.000\,x_2$

x_1 = 2,631578€/Std x_2 = 0,1578947€/km

Kostenstellen	**Hilfskostenstellen**		**Hauptkostenstellen**		
Kostenarten ↓	1	2	Material	Fertigung	Verwaltung
Primäre Gemeinkosten	1.000€	4.000€	20.000€	50.000€	18.000€
Abgegebene Leistung	500 Std.	27.000 km			
Erhaltene Leistung	-- 2.000 km	100 Std. --	150 Std. 4.000 km	200 Std. 20.000 km	50 Std. 1.000 km
Belastung in€ (Preis · erhaltene Leistung)	-- 315,7894	263,1578 --	394,7367 631,5788	526,3156 3.157,894	131,5789 157,8947
Zwischensumme	- 1.315,7894	- 4.263,1578	21.026,315	53.684,209	18.289,473
	Diese Kosten werden über die Leistungsabgabe an die Hauptkostenstellen verteilt.				
Summe der Gemeinkosten	0,00€	0,00€	21.026,315€	53.684,209€	18.289,473€

Vorschlag für die Lösung des Gleichungssystems:

Gleichung I: $1.000 + 2.000\,x_2 = 500\,x_1$

Gleichung II: $4.000 + 100\,x_1 = 27.000\,x_2$

Gleichung I nach x_1 auflösen	$x_1 = \frac{1.000}{500} + \frac{2.000\,x_2}{500} = 2 + 4x_2$
Gleichung II nach x_2 auflösen	$x_2 = \frac{4.000}{27.000} + \frac{100\,x_1}{27.000} = 0{,}148148 + 0{,}0037037x_1$
Gleichung II in Gleichung I einsetzen	$x_1 = 2 + 4\,(0{,}148148 + 0{,}0037037x_1)$ $x_1 = 2 + 0{,}592592 + 0{,}0148148x_1$ $x_1 = 2{,}592592 + 0{,}0148148x_1$ $0{,}9851852x_1 = 2{,}592592$ $x_1 = 2{,}631578$
x_1 in Gleichung II einsetzen	$4.000 + 100 \cdot 2{,}631578 = 27.000\,x_2$ $4.000 + 263{,}1578 = 27.000\,x_2$ $4263{,}1578 = 27.000\,x_2$ $x_2 = 0{,}1578947$

1.10.6 Vergleich der Nachkalkulation mit der Vorkalkulation (Angebotskalkulation)

	Nachkalkulation		Vorkalkulation		
	Istkosten	Ist-Zuschlags-sätze	Normal-kosten	Normal-Zu-schlagssätze	Über-/Unter-deckung
MEK	300.000		300.000		
MGK	25.500	8,50 %	30.000	10,00 %	+ 4.500
FEK	110.000		110.000		
FGK	81.235	73,85 %	77.000	70,00 %	- 4.235
HK	516.735		517.000		
VwGK	33.329	6,45 %	36.190	7,00 %	+ 2.861
VtrGK	11.368	2,20 %	10.340	2,00 %	- 1.028
SK	561.432		563.530		+ 2.098
Die Einzelkosten bleiben hier unverändert. Die Beträge sind - falls notwendig - auf volle Euro gerundet. Die Kalkulation beschränkt sich auf die meist verwendeten Hauptkostenstellen.					
Istkosten < Normalkosten → Überdeckung Istkosten > Normalkosten → Unterdeckung					

Vorkalkulation bis zum Listenpreis und Nachkalkulation bis zu den Selbstkosten

	Vorkalkulation	Nachkalkulation
Fertigungsmaterial		
+ Materialgemeinkosten		
...		
= Herstellkosten		
...		
= Selbstkosten	1.000 € ↓	1.020 € ↓
+ Gewinn	10 % 100 € ↓	7,84 % 80 €
= Barverkaufspreis	1.100 € ↓	1.100 € ↑
...		
= Listenpreis		

Tipp! Die Vorkalkulation dient der Ermittlung des Angebotspreises für den Kunden. Da dieser nachträglich nicht mehr geändert werden kann, genügt es in der Nachkalkulation bis zu den Selbstkosten zu rechnen. Die Differenz zwischen den Selbstkosten und dem vom Kunden bezahlten Preis ergibt den tatsächlichen Gewinn/Verlust aus dem Auftrag. Auch der neue Gewinnzuschlag ist zu ermitteln.

$$\text{Gewinnzuschlag in \%} = \frac{\text{Gewinn} \cdot 100}{\text{Selbstkosten}} = \frac{80 \cdot 100}{1.020} = 7{,}84\%$$

1.10.7 Gemeinkostenzuschlagssätze

Materialgemeinkostenzuschlag $= \frac{\text{Materialgemeinkosten}}{\text{Materialeinzelkosten}} \cdot 100$

Fertigungsgemeinkostenzuschlag I $= \frac{\text{Fertigungsgemeinkosten I}}{\text{Fertigungseinzelkosten I}} \cdot 100$

Fertigungsgemeinkostenzuschlag II $= \frac{\text{Fertigungsgemeinkosten II}}{\text{Fertigungseinzelkosten II}} \cdot 100$

Entw. und Konstruktionsgemeinkostenzuschlag $= \frac{\text{Entw. und Konstruktionsgemeinkosten}}{\text{Herstellkosten der Erzeugung}} \cdot 100$

Verwaltungsgemeinkostenzuschlag $= \frac{\text{Verwaltungsgemeinkosten}}{\text{Herstellkosten des Umsatzes}} \cdot 100$

Vertriebsgemeinkostenzuschlag $= \frac{\text{Vertriebsgemeinkosten}}{\text{Herstellkosten des Umsatzes}} \cdot 100$

Tipp! Sind mehrere Fertigungshauptstellen vorhanden, muss der Gemeinkostenzuschlagssatz für jede Stelle einzeln ausgerechnet werden.

1.11 Zuschlagskalkulation, Industriekalkulation

1.11.1 Differenzierte Zuschlagskalkulation

Bei der differenzierten Zuschlagskalkulation werden die Gemeinkosten aufgeteilt nach den Hauptkostenstellen in die Bereiche Material, Fertigung usw. Führt man eine Kostenträgerstückrechnung durch, treten keine Mehr- oder Minderbestände auf. Dies ist nur bei der Kostenträgerzeitrechnung der Fall.

		Zwischensummen
Materialeinzelkosten (MEK, FM)	100%	
Materialgemeinkosten (MGK)		
- Schrotterlös		Materialkosten
Fertigungseinzelkosten I (FEK, FL)	100%	
Rest-Fertigungsgemeinkosten I (RFGK)		
Fertigungseinzelkosten II (FEK, FL)	100%	
Rest-Fertigungsgemeinkosten II		
Maschinenkosten		
Sondereinzelkosten der Fertigung (SEF)		Fertigungskosten
Herstellkosten der Erzeugung (HKE)	100%	Herstellkosten der Erzeugung
Entwicklungs- und Konstruktionskosten		
+ Minderbestand, Bestandsminderung		
- Mehrbestand, Bestandsmehrung		

Herstellkosten des Umsatzes (HKU) Verwaltungsgemeinkosten (VGK) Vertriebsgemeinkosten (VtGK, VtrGK) Sondereinzelkosten des Vertriebs (SEV)	100%	Herstellkosten des Umsatzes	
Selbstkosten (SK) Gewinnzuschlag	100% 10%	Selbstkosten	
Barverkaufspreis (BVP) Kundenskonto Vertreterprovision	110%	95% 2% 3%	Barverkaufspreis
Zielverkaufspreis (ZVP)	90%	100%	Zielverkaufspreis
Kundenrabatt	10%		
Listenverkaufspreis (LVP) netto + Umsatzsteuer Listenverkaufspreis (LVP) brutto	100% 19% 119%	Listenverkaufspreis netto Listenverkaufspreis brutto	

Materialeinzelkosten (MEK) = Fertigungsmaterial (FM)
Fertigungseinzelkosten (FEK) = Fertigungslöhne (FL)
Sondereinzelkosten der Fertigung (SEF): z.B. Werkzeug, Modell, Vorrichtung
Sondereinzelkosten des Vertriebs (SEV): z.B. Fracht, Verpackung, Versicherung
Rest-Fertigungsgemeinkosten (Rest-FGK) beziehen sich auf Fertigungseinzelkosten.
Entwicklungs- und Konstruktionskosten (EKK) werden meist als Prozentsatz (Gemeinkostenzuschlag) angegeben und auf Basis der Herstellkosten berechnet. Findet man die EKK als Euro-Betrag (Einzelkosten), werden sie den Sondereinzelkosten der Fertigung zugeordnet.

1.11.2 Summarische Zuschlagskalkulation

Bei der summarischen Zuschlagskalkulation werden alle Gemeinkosten in einem Zuschlag entweder den Einzelkosten Fertigungsmaterial oder Fertigungslohn oder beiden zusammen zugerechnet.

$$\frac{\text{Gemeinkosten} \cdot 100}{\text{Fertigungsmaterial}} \text{ oder } \frac{\text{Gemeinkosten} \cdot 100}{\text{Fertigungslöhne}} \text{ oder } \frac{\text{Gemeinkosten} \cdot 100}{\text{Fertigungsmaterial + -löhne}}$$

1.12 Kostenträgerzeitblatt, Kostenträgerzeitrechnung

In einem Kostenträgerzeitblatt findet man die einzelnen Produktgruppen eines Unternehmens in einer Übersicht dargestellt. Mithilfe der Zuschlagskalkulation ermittelt man die jeweiligen Selbstkosten eines Abrechnungszeitraumes. Dabei müssen alle Sondereinzelkosten und Bestandsveränderungen berücksichtigt werden. Subtrahiert man von den Umsatzerlösen der Produktgruppen ihre Selbstkosten, erhält man das Betriebsergebnis.

	Ist-%	Produkt J	Produkt R	Gesamt
Fertigungsmaterial				
Materialgemeinkosten	x %			
Fertigungslöhne I				
Fertigungsgemeinkosten I	x %			
Fertigungslöhne II				
Fertigungsgemeinkosten II	x %			
Sondereinzelkosten der Fertigung				
= Herstellkosten des Abrechnungszeitraums				
+ Bestandsminderung unfertige Erzeugnisse				
= Herstellkosten der Fertigung				
- Bestandsmehrung fertige Erzeugnisse				
= Herstellkosten des Umsatzes				
Verwaltungsgemeinkosten	x %			
Vertriebsgemeinkosten	x %			
Sondereinzelkosten des Vertriebs				
= Selbstkosten				
Nettoverkaufserlöse				
- Selbstkosten				
Betriebsergebnis (Gewinn oder Verlust)				

Tipp! Durch Erweiterung der Tabelle um entsprechende Spalten kann zugleich eine Berechnung der Über- und Unterdeckungen vorgenommen werden, die aus der Vor- und Nachkalkulation resultieren.

	Ist-%	Produkt M	Normal-%	Produkt M	Über-/ Unter-deckung	Ist-%	Produkt S	usw.
MEK								
MGK								
FEK								
Usw.								
MEK = Materialeinzelkosten, MGK = Materialgemeinkosten, FEK = Fertigungseinzelkosten								

1.13 Erfolgsrechnung auf Vollkostenbasis und Teilkostenbasis

Artikelerfolgsrechnung/Produkterfolgsrechnung auf Vollkostenbasis			
Berechnung für Monat Mai	**10.000 Stück**	**5.000 Stück**	**7.000 Stück**
	Produkt A	**Produkt B**	**Produkt C**
Materialeinzelkosten	5.000€	3.500€	4.900€
Materialgemeinkosten	...	...	...
Fertigungseinzelkosten			
Usw.			
Selbstkosten	für 10.000 Stück	für 5.000 Stück	für 7.000 Stück
Erlöse	für 10.000 Stück	für 5.000 Stück	für 7.000 Stück
- Selbstkosten	...	...	...
= Gewinn/Verlust	+ 12.000€	+ 6.000€	+ 9.000€
Betriebsergebnis	+ 27.000€		
Absatzpreise = Preise = Verkaufspreise = Verkaufserlös = Erlös = Preis, zu dem ein Produkt verkauft wird.			

Artikelerfolgsrechnung/Produkterfolgsrechnung auf Teilkostenbasis			
Berechnung für Monat Mai	**10.000 Stück**	**5.000 Stück**	**7.000 Stück**
	Produkt A	**Produkt B**	**Produkt C**
Erlöse	Stück · Preis	Stück · Preis	Stück · Preis
- variable Kosten	Stück · var. K./St.	Stück · var. K./St.	Stück · var. K./St.
= Deckungsbeitrag pro Sorte	...	...	...
Summe d. Deckungsbeiträge	...		
- fixe Kosten gesamt	...		
= Betriebsergebnis	...		
Absatzpreise = Preise = Verkaufspreise = Verkaufserlös = Erlös = Preis, zu dem ein Produkt verkauft wird.			

1.14 Maschinenstundensatz

1.14.1 Berechnung der Maschinenlaufstunden

x Wochen pro Jahr · y Stunden/Woche	= Std.	Maschinenlaufzeit = gesamte Maschinenzeit - Stillstandszeit
- x Feiertage · y Stunden/Tag	= Std.	Maschinenlaufzeit = tatsächliche jährliche Laufzeit

- Störzeiten	= Std.	gesamte Maschinenzeit = theoretisch maximale Maschinenlaufzeit bei ständiger Inbetriebnahme Stillstandszeit = arbeitsfreie Tage, betriebsbedingte Stillstandszeit, Instandhaltungszeit
- Sonstige Ausfallzeiten	= Std.	
= Maschinenlaufstunden pro Jahr	= Std.	

$$\text{Maschinenlaufstunden pro Monat} = \frac{\text{Maschinenlaufstunden pro Jahr}}{12}$$

1.14.2 Berechnung der maschinenabhängigen Fertigungsgemeinkosten

Kalkulatorische Abschreibung

Berechnung pro Jahr	Berechnung pro Monat	Berechnung pro Maschinenstunde
$\frac{\text{Wiederbeschaffungskosten}}{\text{Nutzungsdauer in Jahren}}$	$\frac{\text{Wiederbeschaffungskosten}}{\text{Jahre} \cdot 12}$	$\frac{\text{Wiederbeschaffungskosten}}{\text{Jahre} \cdot 12 \cdot \text{Monatslaufstunden}}$ $\frac{\text{Wiederbeschaffungskosten}}{\text{Jahre} \cdot \text{Jahreslaufstunden}}$

Sind keine Wiederbeschaffungskosten gegeben, setzt man Anschaffungskosten ein. Die Abkürzung AfA steht für Absetzung für Abnutzung (= Abschreibung).
Ein eventueller Restwert/Liquidationserlös wird durch Abzug von den Wiederbeschaffungs-/ Anschaffungskosten berücksichtigt, z.B.

$$\text{kalk. AfA pro Jahr} = \frac{\text{Wiederbeschaffungskosten} - \text{Restwert}}{\text{Nutzungsdauer in Jahren}}$$

Transport-, Montage-, Installationskosten, Transportversicherung, Aufwendungen für die Erstellung eines Fundaments - also alle Aufwendungen, um die Maschine in einen betriebsbereiten Zustand zu versetzen - sind zu den Anschaffungskosten (evtl. Wiederbeschaffungskosten) zu addieren und mit abzuschreiben.
Müssen die Wiederbeschaffungskosten mit Hilfe des Preissteigerungsindex errechnet werden, multipliziert man diesen mit den Anschaffungskosten.

$$\text{Preissteigerungsindex} = \frac{\text{Preisindex i. Jahr der Wiederbeschaffung}}{\text{Preisindex im Jahr der Anschaffung}} = \frac{118}{105} = 1{,}1238$$

$$\text{Anschaffungskosten} \cdot \text{Preissteigerungsindex} = \text{Wiederbeschaffungskosten}$$

Kalkulatorische Zinsen

Berechnung pro Jahr	Berechnung pro Monat	Berechnung pro Maschinenstunde
$\frac{\text{AK} \cdot \text{Zinssatz}}{2 \cdot 100}$ AK = Anschaffungskosten	$\frac{\text{AK} \cdot \text{Zinssatz}}{2 \cdot 100 \cdot 12}$	$\frac{\text{AK} \cdot \text{Zinssatz}}{2 \cdot 100 \cdot 12 \cdot \text{Monatslaufstunden}}$ $\frac{\text{AK} \cdot \text{Zinssatz}}{2 \cdot 100 \cdot \text{Jahreslaufstunden}}$

Kalkulatorische Zinsen werden auf das durchschnittlich gebundene Kapital berechnet. Beim Kauf ist der volle Wert vorhanden. Am Ende der Nutzungsdauer liegt der Wert bei Null. Im Durchschnitt ist also das halbe Kapital im Betrieb gebunden.

Rechnet man mit dem Prozentzeichen, fällt im Nenner die „100" weg. Beispiel mit einem Zinssatz von 8 %:

Entweder: $\frac{AK \cdot 8}{2 \cdot 100}$ oder: $\frac{AK}{2} \cdot 8\%$

Ist ein Restwert gegeben, kann dieser berücksichtigt werden. Das **durchschnittlich gebundene Kapital** wird wie folgt berechnet.

$\frac{AK + Restwert}{2}$ $\frac{100.000 + 20.000}{2} = 60.000\ €$	oder	$\frac{AK - Restwert}{2} + RW$ $\frac{100.000 - 20.000}{2} + 20.000 = 60.000\ €$

Berechnung der Zinsen pro Jahr	Berechnung der Zinsen pro Monat
$\frac{(AK + Restwert) \cdot Zinssatz}{2 \cdot 100}$	$\frac{(AK + Restwert) \cdot Zinssatz}{2 \cdot 100 \cdot 12}$

Energiekosten Aufgabenstellung beachten!

Berechnung pro Jahr	Berechnung pro Monat	Berechnung pro Maschinenstunde
Energieverbrauch pro Stunde · Jahreslaufstunden oder Energieverbrauch pro Monat · 12	Energieverbrauch pro Stunde · Monatslaufstunden oder $\frac{\text{Energieverbrauch pro Jahr}}{12}$	$\frac{\text{Energieverbrauch p. Monat}}{\text{Monatslaufstunden}}$ oder $\frac{\text{Energieverbrauch pro Jahr}}{\text{Jahreslaufstunden}}$

Platz-/Raumkosten Aufgabenstellung beachten!

Berechnung pro Jahr	Berechnung pro Monat	Berechnung pro Maschinenstunde
Miete in € pro m^2 pro Monat · beanspruchte Fläche · 12 oder Monatsmiete · 12	Miete in € pro m^2 pro Monat · beanspruchte Fläche oder $\frac{\text{Jahresmiete}}{12}$	Miete in € pro m^2 pro Monat · beanspruchte Fläche : Monatslaufstunden oder $\frac{\text{Miete pro Jahr}}{\text{Jahreslaufstunden}}$ oder $\frac{\text{Miete pro Monat}}{\text{Monatslaufstunden}}$

Reparatur, Wartung, Instandhaltung **Aufgabenstellung beachten!**		
Berechnung pro Jahr	Berechnung pro Monat	Berechnung pro Maschinenstunde
Kosten pro Monat · 12 oder Kosten pro Stunde · Jahreslaufstunden	$\frac{\text{Kosten pro Jahr}}{12}$ oder Kosten pro Stunde · Monatslaufstunden	$\frac{\text{Kosten pro Jahr}}{\text{Jahreslaufstunden}}$ oder $\frac{\text{Kosten pro Monat}}{\text{Monatslaufstunden}}$
Manchmal sind auch die Kosten pro 100 Stunden oder 500 Stunden etc. gegeben. 800 € Wartungskosten pro 100 Stunden bei 175 Stunden Laufzeit pro Monat		
$\frac{800\ €}{100\ \text{Std.}} \cdot 175\ \text{Std.} \cdot 12$	$\frac{800\ €}{100\ \text{Std.}} \cdot 175\ \text{Std.}$	$\frac{800\ €}{100\ \text{Std.}}$

Werkzeugkosten **Aufgabenstellung beachten!**		
Berechnung pro Jahr	Berechnung pro Monat	Berechnung pro Maschinenstunde
Kosten pro Monat · 12 oder Kosten pro Stunde · Jahreslaufstunden	$\frac{\text{Kosten pro Jahr}}{12}$ oder Kosten pro Stunde · Monatslaufstunden	$\frac{\text{Kosten pro Jahr}}{\text{Jahreslaufstunden}}$ oder $\frac{\text{Kosten pro Monat}}{\text{Monatslaufstunden}}$
Manchmal sind auch die Kosten pro 100 Stunden oder 300 Stunden etc. gegeben. 600 € Werkzeugkosten pro 100 Stunden bei 160 Stunden Laufzeit pro Monat		
$\frac{600\ €}{100\ \text{Std.}} \cdot 160\ \text{Std.} \cdot 12$	$\frac{600\ €}{100\ \text{Std.}} \cdot 160\ \text{Std.}$	$\frac{600\ €}{100\ \text{Std.}}$

Betriebsstoffkosten **Aufgabenstellung beachten!**		
Berechnung pro Jahr	Berechnung pro Monat	Berechnung pro Maschinenstunde
Kosten pro Monat · 12 oder Kosten pro Stunde · Jahreslaufstunden	$\frac{\text{Kosten pro Jahr}}{12}$ oder Kosten pro Stunde · Monatslaufstunden	$\frac{\text{Kosten pro Jahr}}{\text{Jahreslaufstunden}}$ oder $\frac{\text{Kosten pro Monat}}{\text{Monatslaufstunden}}$
Manchmal sind auch die Kosten pro 100 Stunden oder 1.000 Stunden etc. gegeben. Dann muss je nach Fragestellung vorgegangen werden. 1.200 € Betriebsstoffkosten pro 100 Stunden bei 140 Stunden Laufzeit pro Monat		
$\frac{1.200\ €}{100\ \text{Std.}} \cdot 140\ \text{Std.} \cdot 12$	$\frac{1.200\ €}{100\ \text{Std.}} \cdot 140\ \text{Std.}$	$\frac{1.200\ €}{100\ \text{Std.}}$

1.14.3 Fixe und variable maschinenabhängige Fertigungsgemeinkosten

	fixe Kosten	variable Kosten
Kalkulatorische Abschreibung	X Je nach Aufgabenstellung kann auch ein Teil fix (lineare Abschreibung) und ein Teil variabel (Abschreibung nach Leistungseinheiten) sein.	(X)
Kalkulatorische Zinsen	X	
Energiekosten	Grundgebühr	Energieverbrauch
Platz-/ Raumkosten	X	
Reparatur, Wartung, Instandhaltung	X Handelt es sich um einen Vertrag mit regelmäßigen gleichen Zahlungen - z.B. pro Monat - liegen fixe Kosten vor. Werden die Reparaturen nach tatsächlichem Aufwand berechnet, sind es variable Kosten. Es gibt auch die gemischte Variante mit einem Fixkostenanteil und einem variablen Kostenanteil.	X
Werkzeugkosten	X Je nach Aufgabenstellung können die Werkzeugkosten fix, variabel oder gemischt sein. Werden Werkzeuge verbraucht, sind es normalerweise variable Kosten. Werden sie gebraucht, können sie den fixen Kosten zugeordnet werden. Werkzeuge werden eher gebraucht.	(X)
Betriebsstoffkosten	(X) Je nach Aufgabenformulierung können Betriebsstoffkosten fix oder variabel oder gemischt sein. Meist sind sie jedoch variabel, da z.B. Schmieröl nur verbraucht wird, wenn die Maschine läuft.	X

1.14.4 Maschinenstundensatz bei verschiedenen Beschäftigungsgraden

Maschinenabhängige Fertigungsgemeinkosten	Monatliche fixe Fertigungsgemeinkosten in €	Monatliche variable Fertigungsgemeinkosten in €
Kalk. Abschreibung		
Kalk. Zinsen		
Etc.		
Summe	1.000€ fixe Kosten pro Monat	3.500€ variable Kosten pro Monat
Kosten pro Stunde bei 250 Std.	4,00€ fixe Kosten pro Stunde	14,00€ variable Kosten pro Stunde
	Die fixen Kosten pro Monat bleiben immer gleich.	Die variablen Kosten pro Stunde bleiben immer gleich.

Maschinenstundensatz bei 250 Std. pro Monat (100 %)	
Variable Kosten pro Stunde	14,00 €
Fixe Kosten pro Stunde	4,00 €
Maschinenstundensatz	18,00 €
Maschinenstundensatz bei 270 Std. pro Monat (108 % von 250 Std.)	
Variable Kosten pro Stunde	14,00 €
Fixe Kosten pro Stunde: 1.000 € : 270 Std.	3,70 €
Maschinenstundensatz	17,70 €
Maschinenstundensatz bei 200 Std. pro Monat (80 % von 250 Std.)	
Variable Kosten pro Stunde	14,00 €
Fixe Kosten pro Stunde: 1.000 € : 200 Std.	5,00 €
Maschinenstundensatz	19,00 €

Tipp! Bei steigender Stundenzahl sinkt der Maschinenstundensatz, da sich die fixen Kosten auf mehr Stunden verteilen. Der Fixkostenanteil pro Stunde wird kleiner.

Bei sinkender Stundenzahl steigt der Maschinenstundensatz, weil sich die Fixkosten auf weniger Stunden verteilen. Der Fixkostenanteil pro Stunde wird größer.

1.15 Einstufige Divisionskalkulation

$$\text{Stückkosten} = \frac{\text{Gesamtkosten}}{\text{Produktionsmenge}} = \frac{\text{Selbstkosten}}{\text{produzierte Einheiten}}$$

Diese Kalkulation kann Anwendung finden in Ein-Produkt-Unternehmen mit Massenfertigung. Es gibt keine Kostenstellen und keine Aufteilung in Einzel- und Gemeinkosten.

Summarische Divisionskalkulation	**Differenzierende Divisionskalkulation**
Die Gesamt- bzw. Selbstkosten eines Zeitabschnitts werden durch die Produktionsmenge in diesem Zeitraum dividiert. Man erhält die Selbstkosten pro Einheit. Eine Einheit kann sein: Stück, kg, Liter, Quadratmeter etc.	Man unterscheidet in Kostengruppen, z.B. Material-, Personal- und sonstige Kosten und Verwaltungs- und Vertriebskosten. Berechnet man diese pro Einheit und addiert sie, erhält man die Selbstkosten pro Einheit. Es kann die Entwicklung der Kosten beobachtet werden.
$\frac{10.000\text{ € Selbstkosten pro Monat}}{1.000\text{ kg}}$ = 10 € Selbstkosten pro kg	Materialkosten pro Einheit + Personalkosten pro Einheit + ... = Selbstkosten pro Einheit

1.16 Mehrstufige Divisionskalkulation

$$\text{Stückkosten} = \frac{\text{Herstellkosten}_1}{\text{Produktionsmenge}_1} + \frac{\text{Herstellkosten}_2}{\text{Produktionsmenge}_2} + \frac{HK_n}{PM_n} + \frac{\text{Verw. und Vertriebskosten}}{\text{Absatzmenge}}$$

Es wird nur ein Produkt in mehreren Produktionsstufen erzeugt. Lagerbestandsveränderungen an fertigen und unfertigen Erzeugnissen werden hier berücksichtigt.

Stanzen	**Bohren**	**Biegen**	**Verw./Vertrieb**	**Summe**
$\frac{1.000\,€}{500\,m^2}$ = = 2€ pro m^2	$\frac{1.200\,€}{400\,m^2}$ = = 3€ pro m^2	$\frac{2.000\,€}{200\,m^2}$ = = 10€ pro m^2	$\frac{800\,€}{200\,m^2}$ = = 4€ pro m^2	= 19€ SK/m^2
Stanzen kostet 2€/m^2.	Bohren kostet 3€/m^2.	Biegen kostet 10€/m^2.	Verw. und Vtr. Kosten: 4€/m^2	
Stanzen und Bohren kosten zusammen 5€/m^2 (Herstellkosten).				
Stanzen, Bohren und Biegen kosten zusammen 15€/m^2 (Herstellkosten).				
Stanzen, Bohren, Biegen, Verwalten und Verkaufen kosten zusammen 19€/m^2 (Selbstkosten).				
Nach dem Stanzen werden 100 m^2 auf Lager gelegt und nach dem Bohren 200 m^2. Die restlichen 200 m^2 werden fertiggestellt und verkauft. Die auf Lager gelegten unfertigen oder auch fertigen Produkte (Mehrbestände) sind zu den Herstellkosten zu bewerten, die bis zu der entsprechenden Fertigungsstufe angefallen sind. Auch Minderbestände können auftreten, wenn aus dem Lager halbfertige Teile in den Produktionsprozess eingesteuert oder fertige Erzeugnisse zusätzlich zur aktuellen Produktion verkauft werden. Die gestanzten 100 m^2 sind mit 2€/m^2 zu bewerten, also mit 200€. Die gestanzten und gebohrten 200 m^2 sind mit 5€/m^2 zu bewerten, also mit 1.000€.				

Tipp! Verwaltungs- und Vertriebskosten beziehen sich nur auf die abgesetzte Menge, es sei denn, es wird für die Verwaltungskosten etwas anderes angegeben. Vertriebskosten enstehen erst beim Verkauf/Vertrieb.

1.17 Äquivalenzziffernrechnung

Die Grund- oder Ausgangsstoffe mehrerer Produkte sind gleichartig. Bei der Verarbeitung entstehen aufgrund von Zeit- oder Materialaufwand unterschiedlich hohe Kosten je Produkt, deren Verhältnis mit Hilfe der Äquivalenzziffern (ÄZ) ausgedrückt wird. Dies gilt auch für Dienstleistungen.

Beispiele: Glasverbrauch für Whiskey-, Sekt- oder Likörgläser, Zeitaufwand für das Einschleifen von Namen in Gläser („Kunigunde" beansprucht mehr Zeit als „Eva"), Zeitaufwand für die Abwicklung von Speditionsaufträgen, Versicherungsfällen oder Bestellungen

Produkte	Mengen (Stück, Liter, kg)	ÄZ	Recheneinheiten	€/RE*	Kosten je Sorte in €	Mengen (Stück, Liter, kg)	Kosten je Stück, Liter, kg
Bier 1	10.000	1,6	16.000	0,20	3.200	10.000	0,32
Bier 2							
Usw.							
			Summe RE				

Nebenrechnung*: $\frac{\text{Kosten}}{\text{Summe der Recheneinheiten}}$ = € / Recheneinheit *

Arbeitsschritte:

- Multiplikation der Menge mit der Äquivalenzziffer (Verhältniszahl) = Recheneinheiten je Sorte.
- Die Addition der Recheneinheiten je Sorte ergibt die Summe der Recheneinheiten.
- Division der zu verteilenden Kosten durch die Summe der Recheneinheiten (Nebenrechnung).
- Multiplikation der Kosten/RE mit den Recheneinheiten je Sorte ergibt die Kosten je Sorte.
- Die Division der Kosten je Sorte durch die Mengen (Stück, Liter, kg) ergibt die Kosten je Einheit.

Berechnung von Äquivalenzziffern

Drei Schnapssorten sind mit ihrem Alkoholgehalt gegeben. Schnaps A mit 47,5 %, B mit 50 % und C mit 57,5 %. Man kann z.B. 50 % als Ziffer 1 setzen.

Dann ergibt sich:

50 : 50 = 1   47,5 : 50 = 0,95   57,5 : 50 = 1,15   A : B : C = 0,95 : 1 : 1,15

Man kann auch die kleinste oder die größte Zahl mit 1 ansetzen. Das Endergebnis nach Verteilung der Kosten ist immer das gleiche, da sich das Verhältnis zueinander nicht ändert.

Tipp! Zu verteilende Kosten dürfen bei unterschiedlichen Mengen je Sorte nicht (!) durch die Summe der Äquivalenzziffern dividiert werden, da sonst die Kostenverteilung auf verschiedene Sorten unabhängig von der Menge wäre. Die Mengen müssen mit den Äquivalenzziffern multipliziert werden.

Tipp! Je höher der Aufwand zum Beispiel an Zeit oder Material oder Kosten je Tonne, desto größer ist die Äquivalenzziffer.

1.18 Plankostenrechnung

Aufgaben: Vorkalkulation betrieblicher Leistungen, Angebotserstellung, Wirtschaftlichkeitskontrolle, Analyse der Abweichungen zwischen den kalkulierten und den tatsächlichen Kosten (Istkosten).

In der Plankostenrechnung (PKR) unterscheidet man zwischen der starren und der flexiblen Plankostenrechnung. Die flexible Plankostenrechnung teilt sich in die PKR auf Vollkostenbasis und die PKR auf Teilkostenbasis (Grenzplankostenrechnung).

Starre Plankostenrechnung: keine Kostentrennung in fixe und variable Bestandteile, nur Ermittlung der Gesamtabweichung möglich.

Flexible Plankostenrechnung auf Vollkostenbasis: durch Aufteilung der Kosten in fixe und variable Bestandteile ist eine Kostenkontrolle möglich (Verbrauchs- und Beschäftigungsabweichung), Problem der korrekten Zuordnung der fixen Kosten.

Flexible Plankostenrechnung auf Teilkostenbasis (Grenzplankostenrechnung): Berücksichtigung der variablen Kosten, fixe Kosten gehen als Summe in das Betriebsergebnis ein, es kann nur eine Verbrauchsabweichung ermittelt werden (Preis- und/oder Mengenabweichung), keine Ermittlung der Beschäftigungsabweichung (Sollkosten entsprechen den verrechneten Plankosten).

1.18.1 Starre Plankostenrechnung

Die Plan-Kosten werden mit den Ist-Kosten verglichen, um eine Abweichung festzustellen. Die Kosten werden nicht aufgeteilt in fixe und variable Bestandteile. Eine Ursachenanalyse ist nicht möglich. Die starre PKR ist ungeeignet für Steuerung und Kontrollzwecke.

$$\text{Plankostensatz} = \frac{\text{Gesamtkosten (geplant)}}{\text{Planbeschäftigung}}$$

verrechnete Plankosten = Plankostensatz · Istbeschäftigung

Gesamtabweichung = Istkosten - verrechnete Plankosten oder Gesamtabweichung = verrechnete Plankosten - Istkosten

Tipp! Beide Berechnungsmöglichkeiten bei der Gesamtabweichung sind möglich. Wichtig ist die ökonomische Interpretation:

Istkosten > verrechnete Plankosten → Unterdeckung
(Es bleibt weniger übrig als geplant.)

Istkosten < verrechnete Plankosten → Überdeckung
(Es bleibt mehr übrig als geplant.)

1.18.2 Flexible Plankostenrechnung auf Vollkostenbasis

Die Kosten werden in fixe und variable Bestandteile getrennt. Ziel ist es, zu ermitteln, in welcher Höhe Kostenabweichungen auf eine veränderte Beschäftigung oder auf z.B. gestiegene Kosten (Material, Ausschuss) zurückzuführen sind, um daraus eventuell Gegenmaßnahmen ableiten zu können.

$$\text{Variabler/proportionaler Plankostenverrechnungssatz} = \frac{\text{variable Plankosten}}{\text{Planbeschäftigung}}$$

$$\text{Fixer Plankostenverrechnungssatz} = \frac{\text{geplante fixe Kosten}}{\text{Planbeschäftigung}}$$

Plankostenverrechnungssatz bei Planbeschäftigung =

variabler Plankostenverrechnungssatz + fixer Plankostenverrechnungssatz

$$\text{Plankostenverrechnungssatz bei Planbeschäftigung} = \frac{\text{gesamte Plankosten}}{\text{Planbeschäftigung}}$$

verrechnete Plankosten = Plankostenverrechnungssatz · Istbeschäftigung

Gesamtabweichung = Istkosten - verrechnete Plankosten

Gesamtabweichung = Verbrauchsabweichung + Beschäftigungsabweichung

Sollkosten = gesamte fixe Plankosten + variabler Plankostenverrechnungssatz · Istbeschäftigung

$$\text{Sollkosten} = \text{gesamte fixe Plankosten} + \frac{\text{gesamte variable Kosten}}{\text{Planbeschäftigung}} \cdot \text{Istbeschäftigung}$$

Verbrauchsabweichung = Istkosten - Sollkosten

Beschäftigungsabweichung = Sollkosten - verrechnete Plankosten

Gesamtabweichung = Istkosten (1.000€) - verrechnete Plankosten (900€) = 100€
Da die Istkosten größer sind als die verrechneten Plankosten, ergibt sich ein Verlust von 100€, also Unterdeckung.

Verbrauchsabweichung = Istkosten (1.000€) - Sollkosten (250€) = 750€
Da die Istkosten größer sind als die Sollkosten, ergibt sich ein Verlust von 750€, also Unterdeckung.

Beschäftigungsabweichung = Sollkosten (250€) - verrechnete Plankosten (900€) = -650€
Da die Sollkosten kleiner sind als die verrechneten Plankosten, ergibt sich ein zusätzlicher Gewinn von 650€, also Überdeckung.

Verbrauchsabweichung (750€) + Beschäftigungsabweichung (-650€) = Gesamtabweichung (100€)

Tipp! Gesamt-, Verbrauchs- und Beschäftigungsabweichung können auch mit vertauschten Größen berechnet werden. Entscheidend ist die ökonomische Interpretation.

Gesamtabweichung = verrechnete Plankosten - Istkosten

Verbrauchsabweichung = Sollkosten - Istkosten

Beschäftigungsabweichung = verrechnete Plankosten - Sollkosten

Ein positives Vorzeichen zeigt dann eine Überdeckung an, ein negatives Vorzeichen eine Unterdeckung.

Verbrauchsabweichung und Beschäftigungsabweichung

Eine **Verbrauchsabweichung** resultiert aus mehr oder weniger verbrauchten Gütern, z.B. durch mehr Ausschuss oder erhöhtem Verbrauch von Betriebsmitteln (Mengenabweichung). Es kann auch eine Preisabweichung zu Grunde liegen, z.B. durch gestiegene Materialpreise.

Preisabweichung

	Istmenge · Planpreis	oder		Planmenge · Planpreis
-	Istmenge · Istpreis		-	Planmenge · Istpreis
=	Preisabweichung			Preisabweichung
	↓			↓

Preisabweichung =
Istmenge · (Istpreis - Planpreis)
Preisabweichung =
Istmenge · (Planpreis - Istpreis)

Preisabweichung =
Planmenge · (Istpreis - Planpreis)
Preisabweichung =
Planmenge · (Planpreis - Istpreis)

Mengenabweichung

	Planmenge · Planpreis
-	Istmenge · Planpreis
=	Mengenabweichung

Mengenabweichung = Planpreis · (Istmenge - Planmenge)
Mengenabweichung = Planpreis · (Planmenge - Istmenge)

Eine **Beschäftigungsabweichung** beruht auf mehr oder weniger erteilten Aufträgen für den infrage kommenden Zeitraum (Beschäftigungsgrad). Es handelt sich um eine Kostenabweichung aufgrund einer von der Planbeschäftigung abweichenden Istbeschäftigung. Da der Plankostenverrechnungssatz fixe und variable Bestandteile enthält, werden bei einer höheren Istbeschäftigung als Planbeschäftigung mehr fixe Kosten verrechnet (Überdeckung) und umgekehrt (Unterdeckung), da die fixen Kosten proportional verrechnet werden.

Tipp! Die bei Berechnung von Preis- und Mengenabweichungen voneinander zu subtrahierenden Größen können auch vertauscht werden. Entscheidend ist die ökonomische Interpretation und nicht das sich ergebende Vorzeichen, da je nach Situation einmal die Planzahl und einmal die Istzahl größer sein können.

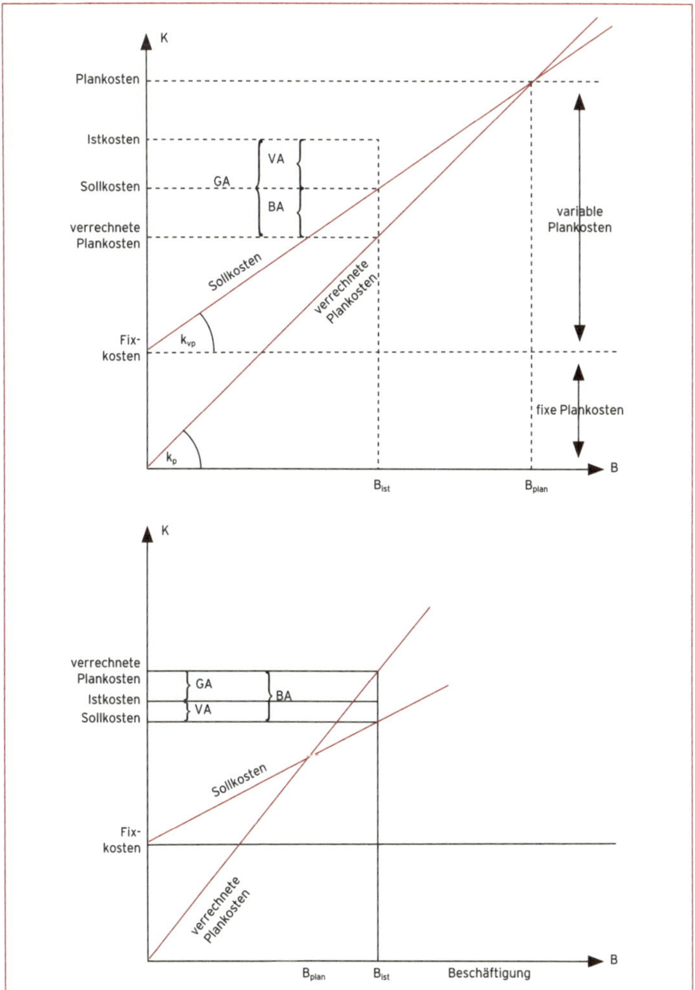

Grafik zur flexiblen Plankostenrechnung auf Vollkostenbasis

Tipp! Zur grafischen Darstellung der Abweichungen trägt man auf der y-Achse Istkosten, Sollkosten und verrechnete Plankosten ein und kann aus den Differenzen die Art der Abweichung erkennen. Diese Vorgehensweise empfiehlt sich, da die Grafiken je nach Daten variieren, wie anhand der beiden Abbildungen zu erkennen ist.

Verbrauchsabweichung (VA) = Istkosten - Sollkosten

Beschäftigungsabweichung (BA) = Sollkosten - verrechnete Plankosten

Gesamtabweichung (GA) = Istkosten - verrechnete Plankosten

1.18.3 Flexible Plankostenrechnung auf Teilkostenbasis (Grenzplankostenrechnung)

Da die fixen Kosten als Summe in das Betriebsergebnis einfließen und nur die variablen Istkosten bei Istbeschäftigung mit den variablen Sollkosten bei Istbeschäftigung verglichen werden, kann nur eine Verbrauchsabweichung berechnet werden (Preis- und/oder Mengenabweichung).

$$\text{variabler Plankostenverrechnungssatz} = \frac{\text{variable Plankosten}}{\text{Planbeschäftigung}}$$

PKVS = Plankostenverrechnungssatz

Verrechnete Plankosten = variabler PKVS · Istbeschäftigung

Verbrauchsabweichung = variable Istkosten - var. PKVS · Istbeschäftigung

Verbrauchsabweichung = var. Istkosten bei Istbeschäftigung - var. Sollkosten bei Istbeschäftigung

Variable Sollkosten bei Istbeschäftigung = variabler PKVS · Istbeschäftigung

Verbrauchsabweichung = Istkosten - Sollkosten

Sollkosten = variabler PKVS · Istbeschäftigung = var. Sollkosten bei Istbeschäftigung

Tipp! Eine Beschäftigungsabweichung würde errechnet aus der Differenz von Sollkosten und verrechneten Plankosten. Eine Subtraktion dieser beiden Zahlen ergibt jedoch hier immer Null.

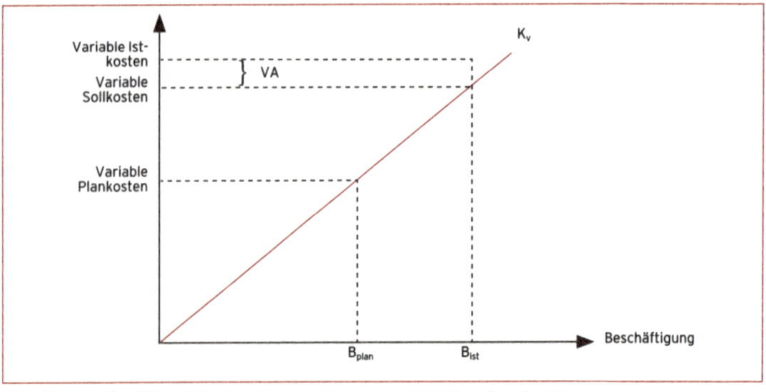

Grafik zur flexiblen Plankostenrechnung auf Teilkostenbasis

1.19 Deckungsbeitragsrechnung

1.19.1 Einstufige Deckungsbeitragsrechnung, Gewinnschwellenmenge

Die **einstufige Deckungsbeitragsrechnung** - auch Direct Costing genannt - trennt in fixe und variable Kosten. Die Proportionalisierung der fixen Kosten wird vermieden und damit die Gefahr von Fehlentscheidungen.

Verkaufspreis/Erlös	
-	variable Kosten
=	Deckungsbeitrag
-	fixe Kosten
=	Erfolg (Gewinn oder Verlust)

Gewinnschwelle, Break-even-Point, Break-even-Menge

$$\text{Gewinnschwelle} = \frac{\text{gesamte fixe Kosten}}{\text{Deckungsbeitrag pro Stück}}$$

	Stückerlös
-	variable Stückkosten
=	Deckungsbeitrag pro Stück

Gewinnschwelle, Break-even-Point, Break-even-Menge

$$x = \frac{\text{gesamte fixe Kosten}}{\text{Stückerlös - variable Stückkosten}}$$

Die Gewinnschwelle kann - je nach Vorgaben - pro Monat, Quartal oder Geschäftsjahr ermittelt werden.

Der Erfolg kann - je nach Vorgaben - pro Einheit berechnet werden oder pro Zeitraum, beispielsweise pro Monat, Quartal oder Geschäftsjahr.

Erfolg pro Einheit	Erfolg pro Monat
Verkaufspreis pro Einheit - variable Kosten pro Einheit = Deckungsbeitrag pro Einheit - fixe Kosten pro Einheit	Verkaufspreis/Stück · Stückzahl/Monat - variable Kosten/Stück · Stückzahl/Monat = Deckungsbeitrag/Stück · Stückzahl/Monat - fixe Kosten pro Monat
= Erfolg pro Einheit	= Erfolg pro Monat

Die Gewinnschwelle gibt die Menge an, bei der die Erlöse gleich den Kosten sind - also alle Kosten gedeckt sind - und der Gesamtdeckungsbeitrag den Fixkosten entspricht.

Break-even-Point: Erlöse = Kosten und Deckungsbeitrag = Fixkosten

Die Gewinnschwelle ist erreicht, wenn die Stückkosten so hoch sind wie der Stückerlös.

$$\text{Stückerlös} = \frac{\text{gesamte fixe Kosten}}{x} + \text{variable Stückkosten} \qquad x = \text{Gewinnschwelle}$$

Stückerlös · x = gesamte fixe Kosten + variable Stückkosten · x

(Stückerlös · x) – (variable Stückkosten · x) = gesamte fixe Kosten

x · (Stückerlös – variable Stückkosten) = gesamte fixe Kosten

$$x = \frac{\text{gesamte fixe Kosten}}{\text{Stückerlös - variable Stückkosten}} = \frac{\text{gesamte fixe Kosten}}{\text{Deckungsbeitrag pro Stück}}$$

Der Deckungsbeitrag pro Stück entspricht dem Stückerlös abzüglich der variablen Stückkosten. Die variablen Stückkosten sind einem Auftrag direkt zurechenbar, z.B. Material- und Fertigungseinzelkosten. Der Deckungsbeitrag bleibt nach Durchführung eines Auftrages zur Deckung der Fixkosten übrig.

Der **Break-even-Umsatz** (kritischer Ertrag) ist der Umsatz mit der Break-even-Point-Menge.

Break-even-Umsatz = Erlös pro Stück · Gewinnschwellenmenge

Beträgt der Erlös pro Stück 15 € und der Break-even-Point liegt bei 500 Stück, ergeben sich als Break-even-Umsatz 7.500 €.

Tipp! Wird mehr als die Gewinnschwellenmenge produziert, sind alle fixen Kosten gedeckt. Über der Gewinnschwellenmenge entspricht der Deckungsbeitrag pro Einheit dem Gewinn pro Einheit.

Preis abzgl. variable Kosten je Stück →	Deckungsbeitrag je Stück
Preis > variable Kosten je Stück →	Deckungsbeitrag dient zur Deckung der fixen Kosten oder ist Gewinn, wenn Fixkosten bereits gedeckt sind
Preis < variable Kosten je Stück →	negativer Betriebserfolg
Preis = variable Kosten je Stück →	Kurzfristige (absolute) Preisuntergrenze
Selbstkosten bilden die langfristige Preisuntergrenze.	

Gewinnvorgabe, Zielgewinn	**Sicherung der Liquidität, Cashpoint**
Möchte ein Unternehmen einen bestimmten Gewinn erzielen, kann die dafür notwendige Absatzmenge berechnet werden.	Der Cashpoint gibt die Absatzmenge an, bei der die auszahlungswirksamen Kosten gedeckt sind. Abschreibung ist nicht auszahlungswirksam.
$\text{Absatzmenge} = \frac{\text{Fixkosten + Gewinn}}{\text{Deckungsbeitrag pro Stück}}$	$\text{Absatzmenge} = \frac{\text{Fixkosten - Abschreibungen}}{\text{Deckungsbeitrag pro Stück}}$

Deckungsbeitrag pro Stück bei festgelegtem Gewinn und bestimmter Absatzmenge	**Absatzmenge bei bestimmtem Verlust und bekanntem Deckungsbeitrag pro Stück**
$\text{Deckungsbeitrag pro Stück} = \frac{\text{Fixkosten + Gewinn}}{\text{Absatzmenge}}$	$\text{Absatzmenge} = \frac{\text{Fixkosten - Verlust}}{\text{Deckungsbeitrag pro Stück}}$

Sicherheitsabstand, Sicherheitskoeffizient	
Der Sicherheitskoeffizient gibt an, um wie viel der Umsatz zurückgehen darf, bevor die Verlustzone erreicht wird.	Ist der Umsatz proportional zur Absatzmenge, gibt der Sicherheitsabstand den möglichen Absatzrückgang vor der Verlustzone an.

$\frac{\text{Umsatz - Break-even-Umsatz}}{\text{Umsatz}}$	$\frac{\text{Absatzmenge - Break-even-Menge}}{\text{Absatzmenge}}$
$\frac{200.000 - 150.000}{200.000} = 0{,}25$ oder 25%	$\frac{800.000 - 450.000}{800.000} = 0{,}4375$ oder 43,75%

Deckungsgrad

Deckungsgrad/Deckungsfaktor/
Deckungsbeitragsspanne

$$\text{Deckungsgrad} = \frac{\text{Deckungsbeitrag}}{\text{Verkaufserlös}}$$

Der Deckungsgrad wird meist in Prozent angegeben und gibt den Deckungsbeitrag pro 100€ Umsatz oder 1€ Umsatz an.

Der Verkaufserlös beläuft sich auf 100€ pro Stück. Die variablen Stückkosten betragen 70€. Der Erlös abzüglich der variablen Stückkosten ergibt den Stückdeckungsbeitrag mit 30€.

$$\text{Deckungsgrad} = \frac{\text{Deckungsbeitrag}}{\text{Verkaufserlös}} = \frac{30\,€}{100\,€} = 0{,}3 = 30\%$$

Der Deckungsgrad von 30 % bedeutet, dass von 1€ Umsatz 0,30€ zur Deckung der Fixkosten zur Verfügung stehen, oder von 100€ Umsatz 30€ zur Fixkostendeckung bleiben.

1.19.2 Fixkostendeckung in einem Mehrproduktunternehmen

In einem **Mehrproduktunternehmen** kann zum Beispiel mithilfe des Deckungsbeitrags pro einem Euro Umsatz der Gesamtumsatz berechnet werden, der zur Deckung der Fixkosten erzielt werden muss. Folgende Fragen sind zu diesem Zweck zu beantworten:

Wie hoch ist der Deckungsbeitrag pro 1€ Umsatz?

Wie hoch muss der Umsatz zur Deckung der Fixkosten sein?

$$\text{Deckungsbeitrag pro 1 € Umsatz} = \frac{\text{gesamte Deckungsbeiträge}}{\text{Gesamtumsatz}}$$

$$\text{Umsatz} = \frac{\text{gesamte fixe Kosten}}{\text{Deckungsbeitrag pro 1 € Umsatz}}$$

Zur Lösung bietet sich – je nach Daten – folgende Vorgehensweise an:

Produkt	**A**	**B**	**C**	**D**
Verkaufspreis (Erlös) pro Stück	20€	30€	...	...
variable Kosten pro Stück	5€	10€		
erwarteter Absatz in Stück	500	800		

Produkt	A	B	C	D
Umsatz (Absatz · Preis)	10.000€	24.000€	...	...
Stückdeckungsbeitrag (Preis abzgl. variable Kosten)	15€	20€		
erwarteter Gesamtdeckungsbeitrag (Stückdeckungsbeitrag · Absatz in Stück)	7.500€	16.000€		

Berechnung des Gesamtumsatzes aus allen Produkten: 34.000€

Summe der Deckungsbeiträge aller Produkte: 23.500€

$$\text{Deckungsbeitrag pro 1 € Umsatz} = \frac{\text{ges. Deckungsbeiträge}}{\text{Gesamtumsatz}} = \frac{23.500}{34.000} = 0{,}691176$$

Der gesuchte Umsatz muss, wenn er mit dem Deckungsbeitrag pro 1€ Umsatz multipliziert wird, die gesamten Fixkosten decken, die hier mit 28.000€ angenommen werden.

Umsatz · Deckungsbeitrag pro 1€ Umsatz = fixe Kosten

$$\text{Umsatz} = \frac{\text{gesamte fixe Kosten}}{\text{Deckungsbeitrag pro 1 € Umsatz}} = \frac{28.000}{0{,}691176} = 40.510{,}67\ €$$

Im vorliegenden Fall müsste zur Deckung der gesamten Fixkosten ein Umsatz von über 40.000€ getätigt werden.

Ermittlung des Nettoergebnisses/Betriebsergebnisrechnung

		Produkt EI	Produkt M	Produkt ER	Summe
	Bruttoerlös/Monat				
-	Erlösschmälerungen				
=	Nettoumsatz				
-	variable Herstellkosten der verkauften Erzeugnisse				
-	variable Vertriebskosten der verkauften Erzeugnisse				
=	Deckungsbeitrag/Monat				
-	fixe Herstellkosten				
-	fixe Verwaltungskosten				
-	fixe Vertriebskosten				
=	Nettoergebnis (Gewinn/Monat)				

Grafik zur Deckungsbeitragsrechnung

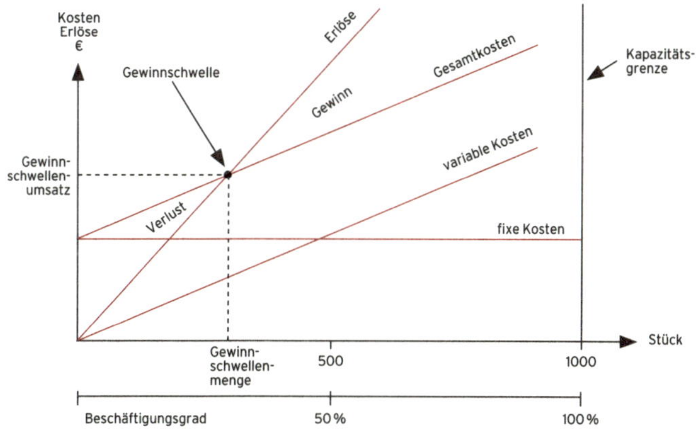

Gewinnschwelle, Break-even-Point, Gewinnschwellenumsatz, Gewinnschwellenmenge, Kapazitätsgrenze (= Gewinnmaximum)

Tipp! Verschiebt man die variablen Kosten parallel nach oben, bis sie an der Stelle beginnen, an der die Fixkosten die y-Achse schneiden, erhält man die Gesamtkosten.

1.19.3 Opportunitätskosten, Alternativkosten

Opportunitätskosten sind der in Geld oder Mengen ausgedrückte entgangene Nutzen/Ertrag, der durch eine alternative Verwendung eines eingesetzten Gutes/Produktionsfaktors - auch Finanzmittel - erzielt hätte werden können. Deshalb sind in der Kostenrechnung kalkulatorische Kosten (z.B. kalk. Zinsen, kalk. Miete usw.) anzusetzen. Opportunitätskosten entstehen dadurch, dass Ressourcen - z.B. Rohstoffe oder Maschinen - nur einmal eingesetzt und nicht gleichzeitig für andere Zwecke verwendet werden können. In Engpasssituationen müssen sie bei Entscheidungen berücksichtigt werden. Kann ein Produkt aufgrund zu geringer Kapazität nicht in ausreichender Stückzahl gefertigt werden, stellen die sich ergebenden Deckungsbeitragsverluste die Opportunitätskosten für das bevorzugt erstellte Produkt dar. Produziert man bei Engpässen zuerst die Erzeugnisse mit den höchsten relativen Deckungsbeiträgen, treten die niedrigsten Opportunitätskosten auf.

Betriebswirtschaftliche Anwendung, z.B.:

- Entscheidung über Zusatzaufträge
- Ermittlung des optimalen Produktionsprogramms
- In der Investitionsrechnung ist das derjenige Zinssatz, der mit einer vergleichbaren Alternativinvestition erzielt werden könnte (opportunity cost of capital)

Absoluter Deckungsbeitrag = Deckungsbeitrag pro Stück	Relativer (spezifischer) Deckungsbeitrag = Deckungsbeitrag pro Engpasseinheit, z.B. Minuten, Stunden, Materialverbrauch in kg, Liter usw.

1.19.4 Deckungsbeitrag, Engpass, optimales Produktionsprogramm

Produkt	**A**	**B**	**C**
Verkaufspreis	22€	18€	30€
- variable Kosten	8€	9€	18€
= Deckungsbeitrag pro Stück (= absoluter Deckungsbeitrag)	14€	9€	12€
Rangfolge nach absolutem Deckungsbeitrag	1	3	2
Engpassbeanspruchung in Minuten pro Stück	7 min	3 min	2 min
Engpassbezogener Deckungsbeitrag (= relativer Deckungsbeitrag) Hier: Deckungsbeitrag pro Minute $\frac{\text{absoluter Deckungsbeitrag}}{\text{Enpassbeanspruchung in Minuten}}$	$\frac{14\,€}{7\,\text{min}}$ = 2€/min	$\frac{9\,€}{3\,\text{min}}$ = 3€/min	$\frac{12\,€}{2\,\text{min}}$ = 6€/min
Rangfolge nach relativem Deckungsbeitrag	3	2	1

Wie hoch ist die **Preisuntergrenze** für C?
Würde C nicht produziert, müsste bei gewinnmaximalem Streben B an seine Stelle treten. Mit der Produktion einer Einheit von C „blockiert" man die Kapazität 2 Minuten, in denen man bei Herstellung von B einen Deckungsbeitrag von 6€ erzielen könnte (2 min · 3€/min).

Die Preisuntergrenze von C errechnet sich aus:

Zurechenbare Kosten von C (variable Kosten)	18€
+ Opportunitätskosten von B	6€
Preisuntergrenze	24€

Auf wie viel Euro darf der Stück(!)deckungsbeitrag von C sinken, ohne dass sich daraus eine Veränderung des optimalen Produktionsprogramms ergibt?

Es ergibt sich keine Veränderung, wenn der relative (!) Deckungsbeitrag von C größer oder gleich des nächsten Produkts in der Rangfolge ist, hier also von Produkt B.

relativer Deckungsbeitrag von C ≥ relativer Deckungsbeitrag von B (3 € pro Minute)

C benötigt zur Fertigung 2 Minuten, also ergeben sich als Stück(!)deckungsbeitrag 6€ → 3€ pro Minute · 2 Minuten = 6€

Ermittlung des **optimalen Produktionsprogramms** bei einem **Engpass**

Produkt	**A**	**B**	**C**
Engpassbeanspruchung in Minuten pro Stück	7 min	3 min	2 min
Rangfolge nach relativem Deckungsbeitrag	3	2	1
abgesetzt werden können	1.000 Stück	1.200 Stück	800 Stück

Es steht eine Kapazität von 10.450 Minuten zur Verfügung.

Rang 1	Produkt C	800 Stück ·	2 Minuten =	1.600 Min. ↓
Rang 2	Produkt B	1.200 Stück ·	3 Minuten =	3.600 Min. ↓
Zwischensumme				5.200 Min. ↓
max. Kapazität (10.450 Min.) abzügl. bisher beanspruchte Kapazität (5.200 Min.) =				5.250 Min.
5.250 Min. : 7 Min./Produkt A = 750 Stück				10.450 Min. ↑

Von Produkt A können nur noch 750 Stück gefertigt werden.

Tipp! Bei Realisierung des optimalen Produktionsprogramms ist nicht nur auf maximal absetzbare Stückzahlen zu achten, sondern auch auf eventuelle Mindestmengen, die zu produzieren sind. Das bedeutet, dass auch vom „schlechtesten" Produkt eine bestimmte Menge hergestellt werden muss. Wird die Herstellung bestimmter Mindestmengen vorgeschrieben, könnte man beispielsweise die dafür benötigte Kapazität von der maximalen Kapazität abziehen, bevor man die Optimierung mithilfe der Rangfolge vornimmt.

Tipp! Empfohlene Vorgehensweise bei der Ermittlung des optimalen Produktionsprogramms:

- Durchlaufen die Produkte mehrere Produktionsstufen bzw. Maschinen, ist die Stufe bzw. Maschine zu ermitteln, bei der es zu einem Engpass kommt.
- Für den Engpass sind die relativen Deckungsbeiträge der Produkte zu berechnen.
- Aufgrund der relativen Deckungsbeiträge ist die Produktrangfolge festzulegen.
- Müssen Mindestmengen gefertigt werden, sind diese zu berücksichtigen.
- Die zu fertigenden Mengen sind anhand der maximal absetzbaren/geplanten Stückzahlen zu berechnen auf Grundlage der Rangfolge.

1.19.5 Entscheidungen über Produkte im Sortiment aufgrund ihrer Deckungsbeiträge

Werden die Umsatzergebnisse von Produkten über die **Vollkostenrechnung** ermittelt, und ein Produkt zeigt ein negatives Ergebnis, sollte die Entscheidung, das Produkt aus dem Sortiment zu eliminieren, auf dieser Grundlage nicht getroffen werden.

Vollkostenrechnung	Produkt SU	Produkt SAN	Produkt NE	Gesamt
fixe Kosten				
+ variable Kosten				
= Selbstkosten				
Nettoumsatzerlöse				
- Selbstkosten				
= Umsatzergebnis	z.B. Gewinn	Verlust	Gewinn	...€

Für die Entscheidung ist die **Teilkostenrechnung** zu empfehlen, in der die Fixkosten nicht auf die Produkte aufgeteilt, sondern in einem Block berücksichtigt werden. Solange ein Produkt einen positiven Deckungsbeitrag erzielt, der zur Deckung der Fixkosten beiträgt, sollte es nicht eliminiert werden.

Teilkostenrechnung zur Überprüfung der Eliminierung eines Produktes mit Auswirkung auf das Umsatzergebnis

	Produkt SU	Produkt NE	Gesamt
Nettoumsatzerlöse - variable Kosten			
= Deckungsbeitrag - fixe Gesamtkosten			Gesamtdeckungsbeitrag - Fixkostenblock
= Umsatzergebnis			...€

Teilkostenrechnung mit allen Produkten zur Ermittlung des Umsatzergebnisses

	Produkt SU	Produkt SAN	Produkt NE	Gesamt
Nettoumsatzerlöse - variable Kosten				
= Deckungsbeitrag - fixe Gesamtkosten				Gesamtdeckungsbeitrag - Fixkostenblock
= Umsatzergebnis				...€

1.19.6 Mehrstufige Deckungsbeitragsrechnung

Die mehrstufige Deckungsbeitragsrechnung - auch Fixkostendeckungsrechnung genannt - differenziert den Fixkostenblock in Fixkosten der Erzeugnisse, Fixkosten von Erzeugnisgruppen, Fixkosten von Kostenstellen, von Kostenbereichen usw. Die Fixkosten, die sich nicht mehr zuordnen lassen, werden unter unternehmensbezogenen Fixkosten zusammengefasst.

Erzeugnisfixkosten	Entwicklung, Produktion, Absatz einer bestimmten Erzeugnisart (Entwicklungskosten, Abschreibung einer Spezialmaschine)
Erzeugnisgruppenfixkosten	für Gruppe von Erzeugnisarten (Entwicklungskosten, Vertriebskosten)
Kostenstellenfixkosten	bestimmte Kostenstelle
Bereichsfixkosten	mehrere zu einem Kostenstellenbereich zusammengefasste Kostenstellen (Gehalt eines Verwaltungsangestellten)
Unternehmensfixkosten	keine Zuordnung möglich (Gehalt des Hausmeisters)

Je nach Umfang der Daten gibt es auch hier Varianten der Berechnung.

Bruttoerlös	Umsatzerlöse
- Erlösschmälerungen	- variable Kosten
= Nettoerlös	= Deckungsbeitrag I (Rohertrag)
- variable Fertigungskosten	- erzeugnisfixe Kosten
= Zwischenergebnis	= Deckungsbeitrag II (Wertschöpfung)
- variable Vertriebskosten	- erzeugnisgruppenfixe Kosten
= Bruttoergebnis	= Deckungsbeitrag III
- Erzeugnisfixkosten	- unternehmensfixe Kosten
= Deckungsbeitrag I	= Betriebsgewinn, Betriebsergebnis
- Erzeugnisgruppenfixkosten	
= Deckungsbeitrag II	
- Kostenstellenfixkosten	
= Deckungsbeitrag III	
- Bereichsfixkosten	
= Deckungsbeitrag IV	
- Unternehmensfixkosten	
= Nettoergebnis	

Die Zuordnung der Fixkosten zu Produkten, Gruppen, Stellen usw. ist den jeweiligen Daten zu entnehmen. Ein Schema erleichtert die Berechnung.

<table>
<tr><th></th><th>Produkt DO</th><th>Produkt NA</th><th>Produkt UD</th><th>Produkt AM</th><th>Produkt PF</th><th>Produkt ER</th></tr>
<tr><td>Erlös</td><td></td><td></td><td></td><td></td><td></td><td></td></tr>
<tr><td>- variable Kosten</td><td></td><td></td><td></td><td></td><td></td><td></td></tr>
<tr><td>= Bruttoergebnis</td><td></td><td></td><td></td><td></td><td></td><td></td></tr>
<tr><td>- Erzeugnisfixkosten</td><td></td><td></td><td></td><td></td><td></td><td></td></tr>
<tr><td>= Deckungsbeitrag I</td><td>...€</td><td>...€</td><td>...€</td><td>...€</td><td>...€</td><td>...€</td></tr>
<tr><td>- Erzeugnisgruppenfixkosten</td><td colspan="3">...€</td><td>...€</td><td colspan="2">...€</td></tr>
<tr><td>= Deckungsbeitrag II</td><td colspan="3">...€</td><td>...€</td><td colspan="2">...€</td></tr>
<tr><td>- Kostenstellenfixkosten</td><td colspan="4">...€</td><td colspan="2">...€</td></tr>
<tr><td>= Deckungsbeitrag III</td><td colspan="4">...€</td><td colspan="2">...€</td></tr>
<tr><td>- Bereichsfixkosten</td><td colspan="5">...€</td><td>...€</td></tr>
<tr><td>usw.</td><td colspan="5"></td><td></td></tr>
</table>

1.20 Prozesskostenrechnung

Arbeits-, Überwachungs- und Planungstätigkeiten werden in Teilprozesse zerlegt, denen Kosten zugeordnet werden können. Dienstleistungen oder Produkten sollen so nur die Kosten der Prozesse zugerechnet werden, die sie tatsächlich in Anspruch nehmen. Man unterscheidet:

- von der erstellten Menge abhängige Prozesse, z.B. Frachtbriefe schreiben
- von der erstellten Menge unabhängige (neutrale) Prozesse, z.B. die Leitung einer Abteilung

1.20.1 Prozesskostenstellenrechnung

$$\text{Prozesskostensatz} = \frac{\text{Kosten}}{\text{Prozessanzahl}} \qquad \text{Umlagesatz (neutral) pro Prozess} = \frac{\Sigma \text{ neutrale Kosten}}{\Sigma \text{ abhängige Kosten}} \cdot \text{Prozesskostensatz}$$

Gesamtprozesskostensatz = Prozesskostensatz + Umlagesatz

Prozesse		Bezugsgröße	Prozessanzahl	Kosten	Prozesskostensatz (abhängig)	Umlagesatz (neutral)	Gesamtprozesskostensatz
Frachtbriefe schreiben	abhängig	Anzahl der Frachtbriefe	250	7.500€	30€	22,01€	52,01€

Zollanträge schreiben	abhängig	Anzahl der Zollanträge	170	8.500€	50€	36,68€	86,68€
Usw.	abhängig		...	...	...	...	...
Summe Kosten				18.400€			
Abteilung leiten	neutral			13.500€			

$$\text{Prozesskostensatz} = \frac{7.500\ €}{250\ \text{Frachtbriefe}} = 30\ €/\text{Frachtbrief}$$

$$\begin{array}{l}\text{Umlagesatz (neutral)}\\ \text{pro Prozess}\end{array} = \frac{\Sigma\, 13.500\ €}{\Sigma\, 18.400\ €} \cdot 30\ €/\text{Frachtbrief} = 22{,}01\ €/\text{Frachtbrief}$$

$$\text{Gesamtprozesskostensatz} = 30€ + 22{,}01€ = 52{,}01€$$

1.20.2 Prozessorientierte Kalkulation

$$\text{Prozesskostensatz} = \frac{\text{Prozesskosten}}{\text{Planprozessanzahl}}$$

$$\text{Prozesskostensatz Abteilung I} = \frac{\text{Kosten}}{\text{Prozessanzahl}}$$

$$\text{Fertigungskostensatz pro Stunde} = \frac{\text{Kosten}}{\text{Fertigungsstunden}}$$

Kostenarten	**Produkt GAR**	**Produkt TEN**
Fertigungsmaterial		
Prozesskosten Abteilung I	100 Prozesse · Prozesskostensatz	150 Prozesse · Prozesskostensatz
Prozesskosten Abteilung II	...	...
Fertigungskosten	50 Stunden · Fertigungskostensatz	80 Stunden · Fertigungskostensatz
usw.		
Herstellkosten		
usw.		

1.21 Kuppelkalkulation

1.21.1 Restwertrechnung, Subtraktionsmethode

Dieses Verfahren kann angewendet werden, wenn bei der Kuppelproduktion neben dem Hauptprodukt ein oder mehrere Nebenprodukte entstehen.

Herstellkosten der gesamten Produktion - Umsatzerlöse der Nebenprodukte + Weiterverarbeitungskosten der Nebenprodukte = Herstellkosten des Hauptprodukts	Herstellkosten pro Einheit des Hauptprodukts = $\frac{\text{Herstellkosten des Hauptprodukts}}{\text{Produktionsmenge des Hauptprodukts}}$

$$\text{Kosten pro Einheit des Hauptprodukts} = \frac{\text{Gesamtkosten - Erlöse der Nebenprodukte}}{\text{Produktionsmenge Hauptprodukt}}$$

Tipp! Sollten Kosten der Weiterverarbeitung bei den Nebenprodukten anfallen, um sie in verkaufsfähigen Zustand zu versetzen, müssen diese von den Erlösen der Nebenprodukte subtrahiert werden.

Produkt	Menge in Stück	Verkaufspreis pro Stück
Hauptprodukt SUS	500	120€
Nebenprodukt AN	80	14€
Nebenprodukt NE	30	6€
Gesamtkosten: 45.000€		
Produkt AN muss noch in verkaufsfähigen Zustand gebracht werden. Die Kosten dafür belaufen sich auf 5€ pro Stück.		

$$\frac{45.000\text{ €} - [80\text{ Stück} \cdot (14\text{ €} - 5\text{ €}) + 30\text{ Stück} \cdot 6\text{ €}]}{500\text{ Stück}} = 88{,}20\text{ € pro Stück}$$

Gesamtkosten	45.000€	
- Erlöse Nebenprodukt AN	1.120€	80 Stück · 14€/Stück
+ Zusatzkosten Nebenprodukt AN	400€	80 Stück · 5€/Stück
- Erlöse Nebenprodukt NE	180€	30 Stück · 6€/Stück
= Kosten für Hauptprodukt	44.100€	
44.100€ : 500 Stück = 88,20€/Stück		

1.21.2 Verteilungsrechnung, Äquivalenzziffernrechnung

Dieses Verfahren kann angewendet werden, wenn bei der Kuppelproduktion ähnliche Produkte entstehen. Es wird nach dem Schema der Äquivalenzziffernrechnung vorgegangen. Die Gewichtung kann mit dem Marktpreis vorgenommen werden.

Produkt	Menge in Stück	Marktpreis pro Stück
Produkt TUL	320	80€
Produkt PEN	280	65€
Produkt ...	...	...
Gesamtkosten: ...€		

Produkte	Menge	ÄZ	Recheneinheiten	Kosten/RE*	Kosten je Sorte	Menge	Kosten je Stück
TUL	320	80	25.600			320	
PEN	280	65	18.200			280	
usw.							
			Summe RE*				

$$\frac{\text{Gesamtkosten}}{\text{Summe der Recheneinheiten}} = \text{Kosten/RE}\ *$$

Kosten je Sorte = Recheneinheiten · Kosten/RE

$$\text{Stückkosten} = \frac{\text{Kosten je Sorte}}{\text{Menge je Sorte}}$$

1.22 Variator

Der Variator ist eine Kennziffer, die angibt, wie viel Prozent die variablen Kosten an den Gesamtkosten betragen, falls die Planbeschäftigung erreicht wird. In der Praxis wird meist die Zehnerschreibweise gewählt. Das bedeutet, der Variator gibt die Veränderung der Kosten an, wenn sich die Beschäftigung um 10 % ändert.

$$\text{Variator} = \frac{\text{Variable Plankosten bei Planbeschäftigung}}{\text{Gesamte Plankosten bei Planbeschäftigung}} \cdot 10$$

$$V - \frac{K_{vp}}{K_p} \quad 10$$

Der Variator wird pro Kostenstelle errechnet. Für jede Kostenart ist ein eigener Variatorwert zu ermitteln. Die Anwendung des Variators setzt voraus, dass die Gesamtkosten in fixe und variable Kosten aufgeteilt werden (Kostenauflösung).

Ökonomische Interpretation verschiedener Variatorwerte:

Variatorwert	Kostenaufteilung
0	Bei einer Beschäftigungsänderung um 10 % ändern sich die Gesamtkosten um 0 %. Daraus folgt, dass alle Kosten(arten) zu 100 % fix sind.
6	Bei einer Beschäftigungsänderung um 10 % ändern sich die Gesamtkosten um 6 %. Daraus folgt: 40 % = fixe Kosten 60 % = variable Kosten

10	Bei einer Beschäftigungsänderung von 10 % ändern sich die Gesamtkosten um 10 %. Daraus folgt, dass die Gesamtkosten zu 100 % variabel sind.

Die gesamten Plankosten belaufen sich auf 40.000€. Auf wie viele Euro sinken sie bei einer 10%igen Beschäftigungsabnahme bei einem Variator von 4?

Plankosten bei 100 % Planbeschäftigung	40.000€
- 4 % bei 10%iger Beschäftigungsabnahme	1.600€
= Sollkosten bei 90 % der Planbeschäftigung	38.400€

Ändert sich die Beschäftigung, bleiben die Fixkosten unverändert (z.B. Miete pro Monat). Die variablen Kosten ändern sich, z.B. Materialkosten.

Tipp! Der Variator gilt nur für eine bestimmte Planbeschäftigung. Ändert sich diese, ändert sich auch der Variator. Mit steigender Planbeschäftigung steigt der Wert des Variators, da er den Anteil der variablen Kosten an den Gesamtkosten bei Planbeschäftigung angibt.

1.23 EBT, EBIT, EBITDA

	Jahresüberschuss/-fehlbetrag
+	Ertragssteuern
=	EBT (earnings before taxes = Ergebnis vor Ertragssteuern/Vorsteuerergebnis)
+	Mezzanine Verzinsung
+	Mezzanine Nachzahlung
+	Mezzanine Equity Kicker
=	EBT (vor Mezzanine)
+	Zinsaufwand
-	Beteiligungs- und Zinserträge
+/-	außerordentliche Posten
=	EBIT (earnings before interest and taxes)
+	Amortisation auf immaterielle Anlagen (einschl. der Goodwill-Abschreibungen)
=	EBITA (earnings before interest, taxes and amortization)
+	Abschreibungen auf Sachanlagen
=	EBITDA (earnings before interest, taxes, depreciation and amortization)

Tipp! Mezzanines Kapital stellt eine Zwischenform von Eigen- und Fremdkapital dar und wird beim Rating als Eigenkapital gerechnet, z.B. nachrangige Darlehen (nicht besichert, deshalb höherer Zins), partiarische Darlehen (Zinsen plus Gewinnbeteiligung), stille Beteiligung, Wandelschuldverschreibungen (nach Fristablauf Umtausch in Aktien) oder Genussscheine (Gewinnbeteiligung oder Verzinsung).

1.24 ROI, Return on Investment

$$\text{Return on Investment} = \frac{\text{Gewinn} \cdot \text{Umsatz} \cdot 100}{\text{Umsatz} \cdot \text{investiertes Kapital}}$$

RoI = Umsatzgewinnrate · Kapitalumschlag

$\text{RoI} = \frac{\text{Jahresüberschuss} \cdot 100}{\text{Gesamtkapital}} = \%$	$\text{RoI} = \frac{\text{Cashflow} \cdot 100}{\text{Gesamtkapital}} = \%$

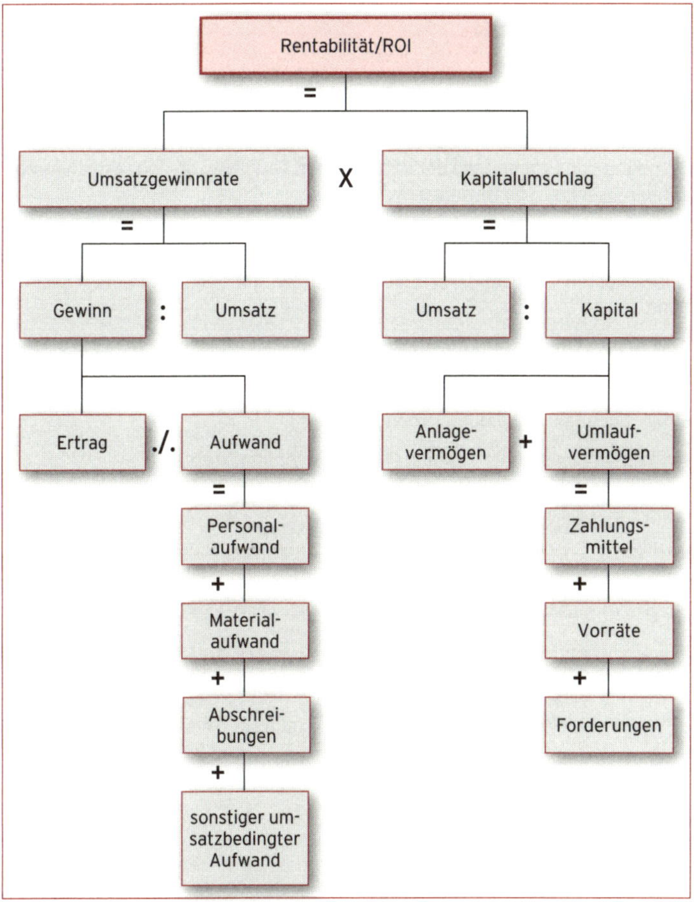

Return on Investment im Detail

Umsatzgewinnrate bzw. Umsatzrentabilität bzw. Umsatzrendite:
auf einen Zeitpunkt bezogen, gibt den Gewinn z.B. je 100€ Umsatz an, Gewinnspanne

Kapitalumschlag:
Auf einen Zeitraum bezogen, Amortisationsdauer

1.25 Sachliche Abgrenzungsrechnung/Abgrenzung/Ergebnistabelle

Ziele:
Unterscheidung von betrieblichen (Kosten- und Leistungsrechnung) und neutralen Aufwendungen und Erträgen

Trennung von Ergebnissen der betrieblichen Tätigkeit von den restlichen Vorgängen (Analyse von Gewinn bzw. Verlust)

Grundkosten = aufwandsgleiche Kosten, z.B. Löhne

Anderskosten = aufwandsverschiedene Kosten, z.B. kalkulatorische Abschreibung

Kalkulatorische Kosten (Zusatzkosten) = aufwandslose Kosten, z.B. kalk. Unternehmerlohn

Finanzbuchhaltung (Fibu) = Rechnungskreis I

Kosten- und Leistungsrechnung (KLR) = Rechnungskreis II

	Gesamtergebnis		**Neutrales Ergebnis**				**Betriebsergebnis**	
	Gewinn- und Verlustrechnung		**Abgrenzungen**		**Umrechnungen**		**Kosten- und Leistungsrechnung**	
	Aufwand	**Ertrag**	**Aufwand**	**Ertrag**	**Aufwand lt. FiBu**	**verrechnete Kosten in KLR**	**Kosten**	**Leistungen**
Erlöse		X						X
aufwandsgleiche Kosten	X						X	

Betriebsfremder Aufwand	X		X					
periodenfremder Aufwand	X		X					
Betriebsfremder Ertrag		X		X				
periodenfremder Ertrag		X		X				
Anderskosten	X				X	X	X	
Zusatzkosten						X	X	
Steuern gesamt	X		nicht betriebsbezogen		Nachzahlung		betriebsbezogen	
Zwischensummen								
Ergebnisse +/-								
Summen								
			Abgrenzungsergebnis		Umrechnungsergebnis			
	Gesamtergebnis =		Neutrales Ergebnis +				Betriebsergebnis	

Finanzbuchhaltung
Gesamter Aufwand = Zweckaufwand + neutraler Aufwand

Kosten- und Leistungsrechnung
Gesamtkosten = Grundkosten + Anderskosten + Zusatzkosten

1.26 Zeitliche Rechnungsabgrenzung/Abgrenzung

Aufwendungen und Erträge werden der Periode der Entstehung unabhängig vom Zahlungszeitpunkt zugeordnet.

	Altes Jahr	Neues Jahr
Aktive Rechnungsabgrenzung Wir zahlen im Voraus Beispiel: Wir bezahlen die Januarmiete im Dezember	Ausgabe	Aufwand
Passive Rechnungsabgrenzung Wir bekommen im Voraus Beispiel: Unser Mieter bezahlt die Januarmiete bereits im Dezember	Einnahme	Ertrag
Sonstige Forderungen Wir erhalten nachträglich Beispiel: Unser Mieter zahlt die Dezembermiete im Januar	Ertrag	Einnahme
Sonstige Verbindlichkeiten Wir zahlen nachträglich Beispiel: Wir zahlen die Dezembermiete im Januar	Aufwand	Ausgabe

Tipp! Häufig beginnt oder endet ein Zahlungszeitraum nicht genau am Geschäftsjahresende. Dann ist genau darauf zu achten, welcher Teil eines Betrages abzugrenzen ist.

Überlegungen am Geschäftsjahresende zur zeitlichen Rechnungsabgrenzung	
Aktive Rechnungsabgrenzung: Wir zahlen die Vierteljahresmiete in Höhe von 750€ am ersten Dezember im Voraus. 250€ gehören in das alte Jahr. 500€ sind abzugrenzen.	
Aktive Rechnungsabgrenzung →	Abgrenzung des Betrages für das neue Jahr
Passive Rechnungsabgrenzung: Wir bekommen die Halbjahresmiete in Höhe von 600€ im Oktober für November bis April im Voraus. 200€ gehören in das alte Jahr. 400€ sind abzugrenzen.	
Passive Rechnungsabgrenzung →	Abgrenzung des Betrages für das neue Jahr
Sonstige Forderungen: Wir erhalten die Miete für November bis Januar in Höhe von 450€ Anfang Februar. 300€ müssen im alten Jahr gebucht werden.	
Sonstige Forderungen →	Abgrenzung des Betrages für das alte Jahr
Sonstige Verbindlichkeiten: Wir zahlen Anfang März die Vierteljahreszinsen für Dezember bis Februar in Höhe von 300€. 100€ müssen im alten Jahr gebucht werden.	
Sonstige Verbindlichkeiten →	Abgrenzung des Betrages für das alte Jahr

1.27 Bilanz und Gewinn- und Verlustrechnung

1.27.1 Zusammenhang zwischen Bilanz und Gewinn- und Verlustrechnung

Bilanz und Gewinn- und Verlustrechnung

Die Bilanz enthält aktive und passive Bestandskonten

Aktiva	**Eröffnungsbilanz 01.01.**	**Passiva**
I. Anlagevermögen	*I. Eigenkapital*	← GuV-Konto
1. Grundstücke	*II. Fremdkapital*	
2. Gebäude	1. Hypothekenschulden	
3. Fuhrpark	2. Darlehensschulden	
4. Büro- und Geschäftsausstattung	3. Verbindlichkeiten aus Lieferungen und Leistungen	
II. Umlaufvermögen		
1. Warenvorräte		
2. Forderungen aus Lieferungen und Leistungen		
3. Kasse		
4. Bank		
Bilanzsumme	Bilanzsumme	

Jedes Konto aus der Bilanz wird als eigenes T-Konto geführt.

Aktivkonten

Soll	**Bank**	**Haben**
Anfangsbestand	Abgänge	
Zugänge	Saldo	
Summe	Summe	

Soll	**Fuhrpark**	**Haben**
Anfangsbestand	Abgänge	
Zugänge	Saldo	
Summe	Summe	

Passivkonten

Soll	**Eigenkapital**	**Haben**
Abgänge	Anfangsbestand	
Saldo	Zugänge	
Summe	Summe	

Soll	**Verbindlichkeiten**	**Haben**
Abgänge	Anfangsbestand	
Saldo	Zugänge	
Summe	Summe	

Die Gewinn- und Verlustrechnung enthält Erfolgskonten (Aufwand oder Ertrag).

Soll Aufwendungen	**Gewinn- u. Verlustrechn.**	**Erträge Haben**
Löhne	Umsatzerlöse	Saldo wird in das Konto Eigenkapital übertragen
Reparaturaufwand	Mieterträge	
Mietaufwand	Zinserträge	
Werbungskosten		
Summe	Summe	

Von der Eröffnungsbilanz …

Jedes Konto aus der GuV-Rechnung wird als eigenes T-Konto geführt.

Aufwandskonten – werden im Soll gebucht

Soll	**Löhne Haben**
Herr Meier	Saldo
Summe	Summe

Soll	**Werbungskosten Haben**
Zeitung	Saldo
Summe	Summe

Ertragskonten – werden im Haben gebucht

Soll	**Umsatzerlöse Haben**
Saldo	Kunde H.
Summe	Summe

Soll	**Zinserträge Haben**
Saldo	Sparda
Summe	Summe

Während des Jahres (Monats) werden alle Geschäftsfälle verbucht.

- Banküberweisung von Löhnen
- Barzahlung einer Frachtrechnung
- Verkauf einer Fräsmaschine über Buchwert
- Barentnahme vom Bankkonto

Buchungssatz: Soll(konto) an Haben(konto)

Zum Jahresabschluss finden folgende Tätigkeiten statt:

- Abschluss aller Aufwands- und Ertragskonten über das GuV-Konto
- Abschluss des GuV-Kontos über das Eigenkapitalkonto
- Abschluss aller Aktiv- und Passivkonten über die Schlussbilanz

Soll Aufwendungen	**Gewinn- u. Verlustrechn. Erträge Haben**
…	…
…	…
Gewinn	(Verlust)
Summe	Summe

Saldo wird in das Konto Eigenkapital übertragen

Aktiva	**Schlussbilanz 31.12. Passiva**
I. Anlagevermögen	*I. Eigenkapital inkl. Gewinn (Verlust)* ← GuV-Konto
1. Grundstücke	*II. Fremdkapital*
…	…
II. Umlaufvermögen	
…	
Bilanzsumme	Bilanzsumme

… zur Schlussbilanz

1.27.2 Gewinn- und Verlustrechnung

Gesamtkostenverfahren nach § 275 Abs. 2 HGB

1. \+ Umsatzerlöse
2. +/- Erhöhung oder Verminderung des Bestandes an fertigen und unfertigen Erzeugnissen
3. \+ andere aktivierte Eigenleistungen

4.	+	sonstige betriebliche Erträge
5.	-	Materialaufwand
6.	-	Personalaufwand
7.	-	Abschreibungen
8.	-	sonstige betriebliche Aufwendungen
9.	+	Erträge aus Beteiligungen
10.	+	Erträge aus anderen Wertpapieren und Ausleihungen des Finanzanlagevermögens
11.	+	sonstige Zinsen und ähnliche Erträge
12.	-	Abschreibungen auf Finanzanlagen und auf Wertpapiere des Umlaufvermögens
13.	-	Zinsen und ähnliche Aufwendungen
14.	=	Ergebnis der gewöhnlichen Geschäftstätigkeit
15.	+	außerordentliche Erträge
16.	-	außerordentliche Aufwendungen
17.	=	außerordentliches Ergebnis
18.	-	Steuern vom Einkommen und vom Ertrag
19.	-	sonstige Steuern
20.	=	Jahresüberschuss/Jahresfehlbetrag

Umsatzkostenverfahren nach § 275 Abs. 3 HGB

1.	+	Umsatzerlöse
2.	-	Herstellungskosten der zur Erzielung der Umsatzerlöse erbrachten Leistungen
3.	=	Bruttoergebnis vom Umsatz
4.	-	Vertriebskosten
5.	-	allgemeine Verwaltungskosten
6.	+	sonstige betriebliche Erträge
7.	-	sonstige betriebliche Aufwendungen
8.	+	Erträge aus Beteiligungen
9.	+	Erträge aus anderen Wertpapieren und Ausleihungen des Finanzanlagevermögens
10.	+	sonstige Zinsen und ähnliche Erträge
11.	-	Abschreibungen auf Finanzanlagen und auf Wertpapiere des Umlaufvermögens
12.	-	Zinsen und ähnliche Aufwendungen
13.	=	Ergebnis der gewöhnlichen Geschäftstätigkeit
14.	+	außerordentliche Erträge
15.	-	außerordentliche Aufwendungen
16.	=	außerordentliches Ergebnis
17.	-	Steuern vom Einkommen und vom Ertrag
18.	-	sonstige Steuern
19.	=	Jahresüberschuss/Jahresfehlbetrag

Tipp! Die beiden Verfahren unterscheiden sich in den **Bestandsveränderungen** von fertigen und unfertigen Erzeugnissen. Wird mehr produziert wie verkauft, entsteht im Lager ein **Mehrbestand**. Wird mehr verkauft als produziert, müssen die noch benötigten Erzeugnisse dem Lager entnommen werden. Dadurch entsteht dort ein **Minderbestand**.

Tipp! Bestandsmehrung = Mehrbestand = zusätzliche Produktionsleistung = Lagerleistung = Ertrag = Leistung

Bestandsminderung = Minderbestand = zusätzlicher Verkauf von in früheren Zeitabschnitten produzierten Erzeugnissen = Entnahme aus dem Lager = Aufwand = Kosten

Bestandsmehrung:
Produktionsmenge > Absatzmenge   Schlussbestand > Anfangsbestand

Bestandsminderung:
Produktionsmenge < Absatzmenge   Schlussbestand < Anfangsbestand

Gesamtkostenverfahren: Gegenüberstellung von Aufwendungen für die gefertigten Produkte und von Umsatzerlösen der tatsächlich verkauften Erzeugnisse, Mehrbestände werden mit den Herstellungskosten als Ertrag angesetzt, Minderbestände werden als Aufwand erfasst	**Umsatzkostenverfahren**: Gegenüberstellung von Aufwendungen und Erträgen der verkauften Erzeugnisse, keine Berücksichtigung von Bestandsveränderungen

Vergleich von Gesamtkosten- und Umsatzkostenverfahren mit Mehrbestand

Es werden im Mai 1.000 Stück zu je 140€ verkauft. Produziert werden in diesem Zeitraum 1.200 Stück zu je 100 €. Die Verwaltungs- und Vertriebskosten je Stück belaufen sich auf 22€.

Gesamtkostenverfahren

Soll	**GuV-Konto**		**Haben**
Volle Herstellkosten		Verkaufserlöse	
1.200 Stück · 100€	120.000	1.000 Stück · 140€	140.000
Verw.- und Vertr.-kosten		Bestandsmehrung	
1.000 Stück · 22€	22.000	200 Stück · 100€	20.000
Gewinn	18.000		
	160.000		**160.000**

Verwaltungs- und Vertriebskosten werden immer auf die verkaufte Menge bezogen, es sei denn, es wird für die Verwaltungskosten etwas anderes angegeben.

Umsatzkostenverfahren

Soll	**GuV-Konto**		**Haben**
Herstellkosten der verkauften Menge		Verkaufserlöse	
1.000 Stück · 100€	100.000	1.000 Stück · 140€	140.000
Verw.- und Vertr.-kosten			
1.000 Stück · 22€	22.000		
Gewinn	18.000		
	140.000		**140.000**

Vergleich von Gesamtkosten- und Umsatzkostenverfahren mit Minderbestand

Es werden im Mai 1.000 Stück zu je 140€ verkauft. Produziert werden in diesem Zeitraum 800 Stück zu je 100€. Die Verwaltungs- und Vertriebskosten je Stück belaufen sich auf 22€.

Gesamtkostenverfahren

Soll	**GuV-Konto**		**Haben**
Volle Herstellkosten		Verkaufserlöse	
800 Stück · 100€	80.000	1.000 Stück · 140€	140.000
Bestandsminderung			
200 Stück · 100€	20.000		
Verw.- und Vertr. kosten			
1.000 Stück · 22€	22.000		
Gewinn	18.000		
	140.000		**140.000**

Beim Umsatzkostenverfahren ergibt sich das gleiche Bild wie beim Vergleich mit Mehrbestand, da die verkauften Stückzahlen unverändert sind.

Materialintensität beim Gesamtkostenverfahren	Materialintensität beim Umsatzkostenverfahren
$\frac{\text{Materialaufwand}}{\text{Gesamtleistung}} \cdot 100$	$\frac{\text{Materialaufwand}}{\text{Umsatz}} \cdot 100$

<table>
<tr><td colspan="2">Die Materialintensität zeigt an, ob ein Unternehmen lohn- oder materialintensiv ist, also mehr Lohn- oder mehr Materialkosten anfallen.</td></tr>
<tr><td>Personalintensität beim Gesamtkostenverfahren
$\frac{\text{Personalaufwand}}{\text{Gesamtleistung}} \cdot 100$</td><td>Personalintensität beim Umsatzkostenverfahren
$\frac{\text{Personalaufwand}}{\text{Umsatz}} \cdot 100$</td></tr>
<tr><td colspan="2">Die Personalintensität gibt Auskunft darüber, in welchem Ausmaß die betriebliche Gesamtleistung auf Personalaufwendungen beruht.</td></tr>
<tr><td>Abschreibungsintensität beim Gesamtkostenverfahren
$\frac{\text{Jahresabschreibungen auf Sachanlagen}}{\text{Gesamtleistung}} \cdot 100$</td><td>Abschreibungsintensität beim Umsatzkostenverfahren
$\frac{\text{Jahresabschreibungen auf Sachanlagen}}{\text{Umsatz}} \cdot 100$</td></tr>
<tr><td colspan="2">Die Abschreibungsintensität gibt das Verhältnis zwischen den Abschreibungen und der Leistung an. Mit jedem Euro Leistung bzw. Umsatz sind soundsoviel Euro Vermögensverzehr verbunden.
$\frac{1.200}{13.800} \cdot 100 = 8{,}7\%$
Das Ergebnis bedeutet, dass auf 100 € Leistung 8,70 € Abschreibung entfallen.</td></tr>
</table>

1.27.3 Anlagespiegel

Angaben im Anlagespiegel nach §268 Abs. 2 HGB:

Anschaffungs- oder Herstellungskosten (kumuliert) am 01.01.20..
\+ Zugänge
\+ Zuschreibungen
± Umbuchungen
\- Abgänge (zu Anschaffungskosten)
\- Abschreibungen (kumuliert)

= Stand am 31.12.20.. (Restbuchwert)

Umbuchungen	Umgruppierung von Wirtschaftsgütern von einer Bilanzposition zur anderen innerhalb des Anlagevermögens
Zuschreibungen	wertmäßige Erhöhungen des Anlagevermögens

Jahr 20.. (in Tsd. Euro)	AHK (kumuliert)	Zugänge	Abgänge (AHK)	Umbuchungen	Abschreibungen (kumuliert)	Restbuchwert 31.12.	Restbuchwert Vorjahr	Abschreibungen des Geschäftsjahres
Immaterielle Vermögensgegenstände								
Sachanlagen								

Finanzanlagen								
Anlagevermögen, gesamt								
AHK = Anschaffungs- und Herstellungskosten								

1.27.4 Inventur

Das HGB enthält in den §§ 240 f die einschlägigen Vorschriften.

Stichtagsinventur

- körperliche Bestandsaufnahme zum Bilanzstichtag

Zeitlich ausgeweitete Inventur

- Bestandsaufnahme innerhalb einer Frist von 10 Tagen vor oder nach dem Abschlussstichtag
- Berechnung des Wertes am Stichtag durch Wertfortschreibung bzw. Wertrückrechnung

Schema für **Wertfortschreibung**		
	Wert am Tag der Inventur 22.12.	5.600 €
+	Wert der Zugänge/Einkäufe/Anlieferungen vom 22.12. bis 31.12.	3.800 €
-	Wert der Abgänge/Verkäufe/Auslieferungen vom 23.12. bis 31.12.	9.200 €
=	Wert am Abschlussstichtag 31.12.	200 €
Schema für **Wertrückrechnung**		
	Wert am Tag der Inventur 7.1.	330 €
-	Wert der Zugänge/Einkäufe/Anlieferungen vom 1.1. bis 7.1.	1.650 €
+	Wert der Abgänge/Verkäufe/Auslieferungen vom 1.1. bis 7.1.	1.520 €
=	Wert am Abschlussstichtag 31.12.	200 €

Verlegte Inventur

- Bestandsaufnahme innerhalb von drei Monaten vor oder zwei Monaten nach dem Stichtag
- Berechnung des Wertes am Stichtag durch Wertfortschreibung bzw. Wertrückrechnung

Permanente Inventur

- Bestand der Vermögensgegenstände nach Art, Menge und Wert ohne gleichzeitige körperliche Bestandsaufnahme
- permanente Erfassung aller Zu- und Abgänge
- Zählung zu einem beliebigen Zeitpunkt durch körperliche Bestandsaufnahme einmal in jedem Geschäftsjahr

1.28 Wertansätze, Herstellungskosten, beizulegender Wert

Herstellungskosten: Unter- und Obergrenze nach Handelsbilanz (§ 255 HGB)
Materialeinzelkosten Fertigungseinzelkosten Sonderkosten der Fertigung Materialgemeinkosten Fertigungsgemeinkosten Abschreibungen auf Sachanlagen Abschreibungen auf entgeltlich erworbene immaterielle Vermögensgegenstände des Anlagevermögens Abschreibungen auf selbst erstellte immaterielle Vermögensgegenstände des Anlagevermögens
Wertuntergrenze der Herstellungskosten nach Handelsbilanz Kosten der allgemeinen Verwaltung Aufwendungen für soziale Einrichtungen des Betriebes Aufwendungen für freiwillige soziale Leistungen Kosten für betriebliche Altersversorgung Zinsen für Fremdkapital zur Finanzierung der Herstellung (§ 255 Abs. 3 HGB)
Wertobergrenze der Herstellungskosten nach Handelsbilanz
Vertriebskosten dürfen nicht angesetzt werden. Verwaltungsgemeinkosten werden meist als Zuschlagssatz wie in der Zuschlagskalkulation berechnet.

Herstellungskosten: Unter- und Obergrenze nach Handelbilanz und Steuerbilanz
Materialeinzelkosten (Rohstoffe, Zulieferteile, selbst erstellte Erzeugnisse) Fertigungseinzelkosten (Fertigungslöhne, AG-Anteil zur Sozialversicherung) Sonderkosten der Fertigung (Spezialwerkzeuge, Lizenzen, Modelle) Materialgemeinkosten (Materialbeschaffungs-, -verwaltungskosten) Fertigungsgemeinkosten (Energie, Hilfsstoffe, Instandhaltung) Abschreibungen auf Sachanlagen Abschreibungen auf entgeltlich erworbene immaterielle Vermögensgegenstände des Anlagevermögens
Wertuntergrenze der Herstellungskosten nach Steuerbilanz Abschreibungen auf selbst erstellte immaterielle Vermögensgegenstände des Anlagevermögens
Wertuntergrenze der Herstellungskosten nach Handelsbilanz Kosten der allgemeinen Verwaltung (Gehälter der Verwaltung) Aufwendungen für soziale Einrichtungen des Betriebes (Kantine, medizinische Versorgung) Aufwendungen für freiwillige soziale Leistungen (Weihnachts- und Jubiläumsgeschenke) Kosten für betriebliche Altersversorgung (Zuführung zu Pensionsrückstellungen) Zinsen für Fremdkapital zur Finanzierung der Herstellung (§ 255 Abs. 3 HGB)
Wertobergrenze der Herstellungskosten nach Handels- und Steuerbilanz
Vertriebskosten (Werbung, Gehälter der Vertriebs- und Versandabteilung, Marktforschung) dürfen nicht angesetzt werden.

Beizulegender Wert	
Verlustfreie Bewertung: Vom vorsichtig geschätzten Verkaufserlös werden alle bis zum Verkauf anfallenden Aufwendungen abgezogen (retrograde Bewertung)	
	Voraussichtlicher Verkaufserlös
-	Erlösschmälerungen
-	Verpackungskosten und Ausgangsfrachten
-	sonstige Vertriebskosten
-	noch anfallende Verwaltungskosten
-	Kapitaldienstkosten
-	noch anfallende Herstellungskosten
=	am Bilanzstichtag beizulegender Wert, Verkaufswert

Anschaffungskosten	
Laut HGB sind Anschaffungskosten Aufwendungen, die geleistet werden, um einen Vermögensgegenstand zu erwerben und ihn in einen betriebsbereiten Zustand zu versetzen, soweit sie dem Vermögensgegenstand einzeln zugeordnet werden können. Zu berücksichtigen sind auch Nebenkosten (§ 255 HGB).	
	Rechnungspreis netto (ohne Umsatzsteuer)
-	Anschaffungspreisminderungen (Rabatt, Boni, Skonto)
+	Aufwendungen für die Versetzung des Vermögensgegenstandes in einen betriebsbereiten Zustand (Fundament, Montage, Anschlüsse, Abbruchkosten)
+	Anschaffungsnebenkosten (Fracht, Provision, Rollgeld, Versicherung, Zoll)
+	nachträgliche Anschaffungskosten (z.B. nachträgliche Kaufpreiserhöhung)
=	Anschaffungskosten

1.29 Verbrauchsfolgebewertung

Es handelt sich hier um Verfahren zur Ermittlung des Bilanzansatzes von Vermögensgegenständen des Vorratsvermögens bei schwankenden Einkaufspreisen. Dabei wird für den Verbrauch oder Verkauf eine bestimmte Reihenfolge unterstellt. Der Betrachtungszeitraum ist üblicherweise das Geschäftsjahr.

Fifo (first in - first out)
Die zuerst beschafften Güter werden zuerst veräußert. Das zuletzt Gekaufte ist noch da.

Lifo (last in - first out)
Die zuletzt beschafften Güter werden zuerst veräußert. Die ältesten Güter sind noch da, also der Anfangsbestand und eventuell die in den ersten Wochen des Jahres getätigten Einkäufe.

Hifo (highest in - first out)
Die Wirtschaftsgüter mit den höchsten Anschaffungskosten werden zuerst verbraucht. Das Billigste ist noch da.

Lofo (lowest in - first out)
Die Güter mit den niedrigsten Anschaffungskosten werden zuerst verbraucht. Die teuersten Güter sind noch da.

Vorgehensweise

- Tabellarische Auflistung des Anfangsbestandes und aller Zugänge während des Jahres
- Berechnung des Endbestandes aus den gegebenen Daten (Anfangsbestand, Zu- und Abgänge)
- Auswahl eines Verbrauchsfolgeverfahrens
- Berechnung des Durchschnittspreises pro Einheit (Stück, Liter, Kilogramm, Tonne etc.)
- Vergleich des ermittelten Preises mit dem Marktpreis am Bilanzstichtag
- Beachtung des Niederstwertprinzips (Auswahl des niedrigeren Preises)
- Ermittlung des Bilanzansatzes durch Multiplikation des Endbestandes mit dem niedrigeren Preis
- Sind Bezugskosten gegeben, werden diese durch Addition zum Einkaufspreis berücksichtigt

Tipp! Sind auch die einzelnen Abgänge aufgeführt, werden diese nur für die Berechnung des zu bewertenden Endbestandes benötigt. Verkaufspreise spielen keine Rolle, weil das bewertet werden muss, was noch auf Lager liegt.

Datum		Stück	Einkaufspreis in €/Stück
01.01.	Anfangsbestand	70	12
15.01.	Zugang	40	15
28.02.	Zugang	70	13
18.03.	Zugang	20	18
05.05.	Zugang	80	11
15.06.	Zugang	50	10
21.09.	Zugang	30	14
23.12.	Zugang	60	16

Weitere Angaben: Abgänge während des Jahres: 270 Stück
Marktpreis am Bilanzstichtag: 13,10 €/Stück

	Anfangsbestand	70 Stück
+	Zugänge	350 Stück
-	Abgänge	270 Stück
=	Endbestand	150 Stück

1.29.1 Berechnung des Bilanzansatzes mit dem Fifo-Verfahren

60 Stück · 16 €/Stück = 960 €
30 Stück · 14 €/Stück = 420 €
50 Stück · 10 €/Stück = 500 €
10 Stück · 11 €/Stück = 110 € (Es sind nur noch 10 von 80 Stück da, da der Endbestand 150 Stück beträgt.)
150 Stück 1.990 €

$$\text{ermittelter Preis pro Stück} = \frac{1.990\ €}{150\ \text{Stück}} = 13{,}2\overline{6}\ €/\text{Stück}$$

Da der Marktpreis am Bilanzstichtag 13,10 €/Stück beträgt, also niedriger als der ermittelte Preis ist, muss der Endbestand in der Bilanz mit 13,10 €/Stück bewertet werden:

Bilanzansatz: 150 Stück · 13,10 €/Stück = 1.965 €

1.29.2 Berechnung des Bilanzansatzes mit dem Lifo-Verfahren (periodisch)

70 Stück	·	12 €/Stück	=	840 €	
40 Stück	·	15 €/Stück	=	600 €	
40 Stück	·	13 €/Stück	=	520 €	(Es sind nur noch 40 von 70 Stück da,
150 Stück			=	1.960 €	da der Endbestand 150 Stück beträgt.)

$$\text{ermittelter Preis pro Stück} = \frac{1.960\ €}{150\ \text{Stück}} = 13{,}0\overline{6}\ €/\text{Stück}$$

Da der Marktpreis am Bilanzstichtag 13,10 €/Stück beträgt, also höher als der ermittelte Preis ist, muss der Endbestand mit $13{,}0\overline{6}$ €/Stück bewertet werden:

Bilanzansatz: 150 Stück · $13{,}0\overline{6}$ €/Stück = 1.960 €

1.29.3 Berechnung des Bilanzansatzes mit dem Hifo-Verfahren (periodisch)

50 Stück	·	10 €/Stück	=	500 €	
80 Stück	·	11 €/Stück	=	880 €	
20 Stück	·	12 €/Stück	=	240 €	(Es sind nur noch 20 von 70 Stück da,
150 Stück				1.620 €	da der Endbestand 150 Stück beträgt.)

$$\text{ermittelter Preis pro Stück} = \frac{1.620\ €}{150\ \text{Stück}} = 10{,}80\ €/\text{Stück}$$

Da der Marktpreis am Bilanzstichtag 13,10 €/Stück beträgt, also höher als der ermittelte Preis ist, muss der Endbestand mit 10,80 €/Stück bewertet werden:

Bilanzansatz: 150 Stück · 10,80 €/Stück = 1.620 €

1.29.4 Berechnung des Bilanzansatzes mit dem Lofo-Verfahren (periodisch)

Hier ist entsprechend dem Hifo-Verfahren vorzugehen und mit dem teuersten Einkaufspreis zu beginnen.

1.29.5 Berechnung des Bilanzansatzes mit dem Lifo-Verfahren (permanent)

Hier wird nach jedem Zugang bzw. Abgang der neue Wert des Bestandes ermittelt und darauf geachtet, dass das, was zuletzt eingekauft wurde, wieder als Erstes entnommen wird.

Anfangsbestand	20 Stück ·	60€/Stück =	1.200€	
Zugang	10 Stück ·	65€/Stück =	650€	
Bestand	30 Stück		1.850€	
Abgang (15 Stück)	10 Stück ·	65€/Stück =	650€	vom letzten Zugang
	5 Stück ·	60€/Stück =	300€	vom Anfangsbestand
Bestand	15 Stück		900€	
Zugang	25 Stück ·	66€/Stück =	1.650€	
Bestand	40 Stück		2.550€	
Abgang (30 Stück)	25 Stück ·	66€/Stück =	1.650€	vom letzten Zugang
	5 Stück ·	60€/Stück =	300€	vom Anfangsbestand, da der vorletzte Zugang bereits komplett entnommen wurde
Endbestand	10 Stück		600€	

Der Wert des Endbestandes muss wieder mit dem Marktpreis am Bilanzstichtag verglichen werden, um den Bilanzansatz zu ermitteln.

1.29.6 Berechnung des Bilanzansatzes mit dem Hifo-Verfahren (permanent)

Bei jedem Abgang ist darauf zu achten, dass zuerst die teuersten Güter entnommen werden, dann die am nächstteuren usw.

Anfangsbestand	150 Stück ·	30€/Stück =	4.500€	
Zugang	250 Stück ·	32€/Stück =	8.000€	
Bestand	400 Stück		12.500€	
Abgang	100 Stück ·	32€/Stück =	3.200€	vom letzten Zugang
Bestand	300 Stück		9.300€	
Zugang	200 Stück ·	28€/Stück =	5.600€	
Bestand	500 Stück		14.900€	
Abgang (400 Stück)	150 Stück ·	32€/Stück =	4.800€	vom vorletzten Zugang
	150 Stück ·	30€/Stück =	4.500€	vom Anfangsbestand
	100 Stück ·	28€/Stück =	2.800€	vom letzten Zugang

usw.

Der Bilanzansatz ist unter Anwendung des Niederstwertprinzips zu berechnen.

1.29.7 Berechnung des Bilanzansatzes mit dem Lofo-Verfahren (permanent)

Hier ist entsprechend dem permanenten Hifo-Verfahren vorzugehen. Bei jedem Abgang ist darauf zu achten, dass zuerst die billigsten Güter entnommen werden, dann die am nächstbilligen usw. Der Bilanzansatz ist unter Anwendung des Niederstwertprinzips zu berechnen.

1.30 Durchschnittsbewertung

Es ist ein Bewertungsvereinfachungsverfahren zur Ermittlung der Anschaffungs- oder Herstellungskosten bei gleichartigen Vermögensgegenständen des Vorratsvermögens.

1.30.1 Periodische Durchschnittsbewertung

Es wird unter Berücksichtigung aller Zugänge und des Anfangsbestandes am Ende des Zeitabschnitts der gewogene Durchschnittswert ermittelt.

Datum		Stück	Einkaufspreis in €/Stück	Stück · Preis/Stück
01.01.	Anfangsbestand	70	12	840 €
05.05.	Zugang	80	11	880 €
15.06.	Zugang	50	10	500 €
21.09.	Zugang	30	14	420 €
23.12.	Zugang	60	16	960 €
Summe		290		3.600 €

$$\text{ermittelter Preis pro Stück} = \frac{3.600\ €}{290\ \text{Stück}} = 12{,}41379\ €/\text{Stück}$$

Der ermittelte Preis pro Stück ist mit dem Marktpreis am Bilanzstichtag zu vergleichen. Für die Berechnung des Bilanzansatzes ist der niedrigere Wert (Niederstwertprinzip) zu wählen und mit dem Endbestand (!) des Gutes zu multiplizieren. Die (hier) 290 Stück dürfen nicht mit dem Endbestand verwechselt werden!

1.30.2 Permanente Durchschnittsbewertung

Der Durchschnittswert wird nach jedem Zugang ermittelt.

	Stück	€/Stück	Summe in €	Durchschnittlicher Wert pro Stück in €
Anfangsbestand	20	100,00	2.000,00	
Zugang	12	120,00	1.440,00	
Bestand	32		3.440,00	107,50

Abgang	5	107,50	537,50	
Bestand	27		2.902,50	
Zugang	18	115,00	2.070,00	
Bestand	45		4.972,50	110,50
usw.				

Der Bilanzansatz ist unter Anwendung des Niederstwertprinzips zu berechnen und zu buchen.

1.31 Handelskalkulation

Listenpreis	100 %			
- Rabatt	12 %			
= Zieleinkaufspreis	88 %	100 %	Einkaufskalkulation Bezugskalkulation	
- Liefererskonto		3 %		
= Bareinkaufspreis	100 %	97 %		
+ Einkaufskosten	in €			
+ Bezugskosten	in €			
= Wareneinsatz, Bezugspreis		100 %		
+ Handlungsgemeinkosten		25 %		
= Selbstkosten	100 %	125 %		Verkaufskalkulation Angebotskalkulation
+ Gewinn	10 %			
= Barverkaufspreis	110 %	98 %		
+ Verkaufskosten		in €		
+ Kundenskonto		2 %		
= Zielverkaufspreis	92 %	100 %		
+ Rabatt	8 %			
= Listenverkaufspreis, Verkaufspreis	100 %			

Kalkulationszuschlag $= \frac{(\text{Verkaufspreis} - \text{Bezugspreis})}{\text{Bezugspreis}} \cdot 100$	Angebotspreis $= \text{Bezugspreis} + \text{Kalkulationszuschlag}$
Kalkulationsfaktor $= \frac{\text{Verkaufspreis}}{\text{Bezugspreis}}$	Angebotspreis $= \text{Bezugspreis} \cdot \text{Kalkulationsfaktor}$
Handelsspanne $= \frac{(\text{Angebotspreis} - \text{Bezugspreis})}{\text{Angebotspreis}} \cdot 100$	Handelsspanne $= \frac{\text{Kalkulationszuschlag}}{\text{Kalkulationsfaktor}}$
Bezugspreis = Angebotspreis - Handelsspanne	

1.32 Bilanzrechtsmodernisierungsgesetz (BilMoG)

Das Gesetz trat im Mai 2009 in Kraft. Nach Art. 66 Abs. 3 EGHGB finden die neuen Vorschriften ab 01.01.2010 Anwendung: „... die §§ ... des Handelsgesetzbuchs in der Fassung des Bilanzrechtsmodernisierungsgesetzes vom 25. Mai 2009 ... sind erstmals auf Jahres- und Konzernabschlüsse für das nach dem 31. Dezember 2009 beginnende Geschäftsjahr anzuwenden." Art. 66 Abs. 3 Satz 6 EGHGB ermöglicht auf freiwilliger Basis die Umsetzung bereits ab dem 01.01.2009: „Die neuen Vorschriften können bereits auf nach dem 31. Dezember 2008 beginnende Geschäftsjahre angewandt werden, dies jedoch nur insgesamt; dies ist im Anhang und Konzernanhang anzugeben."

Die Ziele des BilMoG sind Abbau von Bürokratie, Kosteneinsparungen und größere Transparenz. Das soll erreicht werden durch:

- Maßnahmen zur Deregulierung durch Streichung und Modifizierung von Ansatz-, Bewertungs- und Ausweiswahlrechten des HGB
- Anpassung des deutschen Bilanzrechts an internationale Methoden der Rechnungslegung
- Erreichen höherer Aussagekraft und Vergleichbarkeit des handelsrechtlichen Jahresabschlusses
- Verwendung der HGB-Bilanz weiterhin als Grundlage für die Bemessung der Ausschüttung und der steuerlichen Gewinnermittlung
- Umsetzung von Vorgaben der Europäischen Union (Abschlussprüferrichtlinie, Abänderungsrichtlinie)

Darstellung ausgewählter Sachverhalte

Da hier aus Platzgründen nur einige Tatbestände des BilMoG in Kurzform angesprochen werden können, wird empfohlen, im Anwendungsfall die ausführliche gesetzliche Grundlage zu Rate zu ziehen. Alle Gesetze und Verordnungen sind zu finden unter http://www.gesetze-im-internet.de. Unter folgendem Link ist eine Gegenüberstellung (Synopse) von HGB (alt) und HGB (neu) zu finden, der die Änderungen entnommen werden können: http://dejure.org/aenderungen/synopse-HGB-2009.html

Anhebung der Schwellenwerte des § 267 HGB

Die Festlegung der Größenklassen bezogen auf Bilanzsumme, Umsatzerlöse und Arbeitnehmer wirkt sich bereits auf Jahresabschlüsse zum 31.12.2008 aus. Das kann Konsequenzen haben auf die Buchführungspflicht, die Pflicht zur Prüfung des Jahresabschlusses und die Offenlegung, da nur große und mittlere Kapitalgesellschaften der (Wirtschafts-)Prüfungspflicht unterliegen (§ 316 Abs. 1 HGB).

Buchführungspflicht, Inventar, Jahresabschluss

§ 241 a HGB Befreiung von der Pflicht zur Buchführung und Erstellung eines Inventars

„Einzelkaufleute, die an den Abschlussstichtagen von zwei aufeinander folgenden Geschäftsjahren nicht mehr als 500.000 Euro Umsatzerlöse und 50.000 Euro Jahresüberschuss aufweisen, brauchen die §§ 238 bis 241 nicht anzuwenden."

Die betroffenen Unternehmen sind befreit von der Buchführungspflicht (§ 238 HGB), der Führung der Handelsbücher (§ 239 HGB), der Erstellung eines Inventars (§§ 240, 241 HGB) (siehe auch § 242 Abs. 4 HGB).

Bilanzierungsverbote und Bilanzierungswahlrechte
§ 248 Abs. 2 HGB
„Selbst geschaffene immaterielle Vermögensgegenstände des Anlagevermögens können als Aktivposten in die Bilanz aufgenommen werden. Nicht aufgenommen werden dürfen selbst geschaffene Marken, Drucktitel, Verlagsrechte, Kundenlisten oder vergleichbare immaterielle Vermögensgegenstände des Anlagevermögens."

Forschung und Entwicklung, Bewertungsmaßstäbe
§ 255 Abs. 2 HGB
„Herstellungskosten sind die Aufwendungen, die durch den Verbrauch von Gütern ...Forschungs- und Vertriebskosten dürfen nicht einbezogen werden."
§ 255 Abs. 2a HGB
„Herstellungskosten eines selbst geschaffenen immateriellen Vermögensgegenstands des Anlagevermögens sind die bei dessen Entwicklung anfallenden Aufwendungen nach Absatz 2. Entwicklung ist die Anwendung von Forschungsergebnissen ... Forschung ist die eigenständige ... Können Forschung und Entwicklung nicht verlässlich voneinander unterschieden werden, ist eine Aktivierung ausgeschlossen."

Geschäfts- oder Firmenwert
§ 246 Abs. 1 Satz 4 HGB
„Der Unterschiedsbetrag, um den die für die Übernahme eines Unternehmens bewirkte Gegenleistung den Wert der einzelnen Vermögensgegenstände des Unternehmens abzüglich der Schulden im Zeitpunkt der Übernahme übersteigt (entgeltlich erworbener Geschäfts- oder Firmenwert), gilt als zeitlich begrenzt nutzbarer Vermögensgegenstand."

Es besteht hier ein Ansatzgebot aufgrund des Vollständigkeitsgebots nach § 246 HGB.

Nach Steuerrecht ist die Abschreibung in § 7 Abs. 1 Satz 3 EStG geregelt: „Als betriebsgewöhnliche Nutzungsdauer des Geschäfts- oder Firmenwerts eines Gewerbebetriebs oder eines Betriebs der Land- und Forstwirtschaft gilt ein Zeitraum von 15 Jahren." Unternehmen werden zum Zwecke der Erstellung einer Einheitsbilanz den Geschäftswert sowohl in der Handelsbilanz als auch in der Steuerbilanz über 15 Jahre abschreiben. Der originäre (selbst geschaffene) Firmenwert darf im Gegensatz zum derivativen (entgeltlich erworbenen) Firmenwert weder handelsrechtlich noch steuerrechtlich aktiviert werden.

Rückstellungen
§ 249 HGB
„(1) Rückstellungen sind für ungewisse Verbindlichkeiten und für drohende Verluste aus schwebenden Geschäften zu bilden. Ferner sind Rückstellungen zu bilden für

1. im Geschäftsjahr unterlassene Aufwendungen für Instandhaltung, die im folgenden Geschäftsjahr innerhalb von drei Monaten, oder für Abraumbeseitigung, die im folgenden Geschäftsjahr nachgeholt werden,
2. Gewährleistungen, die ohne rechtliche Verpflichtung erbracht werden."

Das Ansatzwahlrecht für Aufwandsrückstellungen (z.B. Generalüberholungen, regelmäßige Großreparaturen) und für Rückstellungen für unterlassene Instandhaltungen, die im folgenden Geschäftsjahr nach Ablauf von drei Monaten nachgeholt werden, ist aufgehoben worden.

§ 253 Abs. 1 Satz 2 HGB
„Verbindlichkeiten sind zu ihrem Erfüllungsbetrag und Rückstellungen in Höhe des nach vernünftiger kaufmännischer Beurteilung notwendigen Erfüllungsbetrages anzusetzen."

§ 253 Abs. 2 Satz 1 HGB
„Rückstellungen mit einer Restlaufzeit von mehr als einem Jahr sind mit dem ihrer Restlaufzeit entsprechenden durchschnittlichen Marktzinssatz der vergangenen sieben Geschäftsjahre abzuzinsen."

Für Rückstellungen für Altersversorgungsverpflichtungen gilt eine abweichende Regelung.

§ 253 Abs. 2 Satz 4 HGB
„Der nach den Sätzen 1 und 2 anzuwendende Abzinsungszinssatz wird von der Deutschen Bundesbank nach Maßgabe einer Rechtsverordnung ermittelt und monatlich bekannt gegeben."

Die Deutsche Bundesbank veröffentlicht die Zinssätze unter http://www.bundesbank.de/download/statistik/abzinsungszinssaetze.pdf auf www.bundesbank.de.

In der Steuerbilanz hingegen muss nach § 6 Abs. 1 Nr. 3e EStG mit 5,5 % abgezinst werden: „Rückstellungen für Verpflichtungen sind mit einem Zinssatz von 5,5 Prozent abzuzinsen; ..." Das führt zu unterschiedlichen Werten in der Handelsbilanz und in der Steuerbilanz.

Sonderposten mit Rücklageanteil
§ 247 Abs. 3 HGB (alt) ist gestrichen. Es dürfen keine Passivposten (Sonderposten mit Rücklageanteil) für Zwecke der Steuern vom Einkommen und vom Ertrag mehr gebildet werden.

Eigenkapital, Ausweis nicht eingeforderter ausstehender Einlagen
§ 272 Abs. 1 Satz 3 HGB
„Die nicht eingeforderten ausstehenden Einlagen auf das gezeichnete Kapital sind von dem Posten „Gezeichnetes Kapital" offen abzusetzen; der verbleibende Betrag ist als Posten „Eingefordertes Kapital" in der Hauptspalte der Passivseite auszuweisen; der eingeforderte, aber noch nicht eingezahlte Betrag ist unter den Forderungen gesondert auszuweisen und entsprechend zu bezeichnen."

Eigenkapital, Erwerb eigener Anteile
§ 272 Abs. 1a HGB
„Der Nennbetrag oder, falls ein solcher nicht vorhanden ist, der rechnerische Wert von erworbenen eigenen Anteilen ist in der Vorspalte offen von dem Posten „Gezeichnetes Kapital" abzusetzen. Der Unterschiedsbetrag zwischen dem Nennbetrag oder dem rechnerischen Wert und den Anschaffungskosten der eigenen Anteile ist mit den frei verfügbaren Rücklagen zu verrechnen. Aufwendungen, die Anschaffungsnebenkosten sind, sind Aufwand des Geschäftsjahrs."

Eigenkapital, Veräußerung eigener Anteile
§ 272 Abs. 1b HGB
„Nach der Veräußerung der eigenen Anteile entfällt der Ausweis nach Absatz 1a Satz 1. Ein den Nennbetrag oder den rechnerischen Wert übersteigender Differenzbetrag aus dem Veräußerungserlös ist bis zur Höhe des mit den frei verfügbaren Rücklagen verrechneten Betrages in die jeweiligen Rücklagen einzustellen. Ein darüber hinausgehender Differenzbetrag ist in die Kapitalrücklage gemäß Absatz 2 Nr. 1 einzustellen. Die Nebenkosten der Veräußerung sind Aufwand des Geschäftsjahrs."

Aktive und passive latente Steuern
§ 274 Abs. 1
„Bestehen zwischen den handelsrechtlichen Wertansätzen von Vermögensgegenständen, Schulden und Rechnungsabgrenzungsposten und ihren steuerlichen Wertansätzen Differenzen, die sich in späteren Geschäftsjahren voraussichtlich abbauen, so ist eine sich daraus insgesamt ergebende Steuerbelastung als passive latente Steuern (§ 266 Abs. 3 E.) in der Bilanz anzusetzen. Eine sich daraus insgesamt ergebende Steuerentlastung kann als aktive latente Steuern (§ 266 Abs. 2 D.) in der Bilanz angesetzt werden. Die sich ergebende Steuerbe- und die sich ergebende Steuerentlastung können auch unverrechnet angesetzt werden ..."

Für aktive latente Steuern besteht also ein Ansatzwahlrecht, für passive latente Steuern eine Ansatzpflicht. Werden die aktiven latenten Steuern angesetzt, kann gewählt werden zwischen dem saldierten Ausweis aktiver und passiver latenter Steuern und dem unsaldierten Ausweis.

Gliederung und Umfang des Jahresabschlusses
Das BilMoG hat bezüglich des Jahresabschlusses einige Änderungen herbeigeführt, die hier zusammenfassend dargestellt werden.

§ 266 Abs. 2 und 3 HGB	Gliederung der Bilanz
§ 272 Abs. 1 HGB	Ansatz des gezeichneten Kapitals und der nicht eingeforderten ausstehenden Einlagen
§ 272 Abs. 1a und b HGB	Ausweis eigener Anteile
§ 272 Abs. 4 HGB	Anteile an herrschenden oder mit Mehrheit beteiligten Unternehmen
§ 285 Satz 1 HGB	Pflichtangaben im Anhang

2 Volkswirtschaft

2.1 Produktivität, Wirtschaftlichkeit

$\text{Produktivität} = \frac{\text{Produktionsergebnis/-menge}}{\text{Faktoreinsatzmenge}}$ z.B. Wertschöpfung pro Arbeitseinsatz	$\text{Produktivität} = \frac{\text{Output}}{\text{Input}}$ z.B. Wertschöpfung pro Maschineneinsatz
$\text{Arbeitsproduktivität} = \frac{\text{Produktionsergebnis}}{\text{Arbeitseinsatz}}$ z.B. Menge pro Person	$\text{Bodenproduktivität} = \frac{\text{Produktionsergebnis}}{\text{Bodeneinsatz}}$
$\text{Arbeitsproduktivität} = \frac{\text{Ausbringungsmenge}}{\text{Arbeitszeit}}$ z.B. Menge pro Stunde	$\text{Wirtschaftlichkeit} = \frac{\text{Ertrag}}{\text{Aufwand}}$
$\text{Kapitalproduktivität} = \frac{\text{Produktionsergebnis}}{\text{Kapitaleinsatz}}$	$\text{Wirtschaftlichkeit} = \frac{\text{Leistung}}{\text{Kosten}}$
$\text{Kapitalproduktivität} = \frac{\text{z.B. Wertschöpfung}}{\text{z.B. Anlagevermögen}}$	$\text{Wirtschaftlichkeit} = \frac{\text{Umsatzerlöse}}{\text{Kosten}}$

2.2 Volkswirtschaftliche Gesamtrechnung

Entstehungsrechnung	Verwendungsrechnung
Produktionswert	Private Konsumausgaben
- Vorleistungen	+ Konsumausgaben des Staates
= Bruttowertschöpfung (unbereinigt)	+ Ausrüstungsinvestitionen
- unterstellte Bankgebühr	+ Bauinvestitionen
= Bruttowertschöpfung (bereinigt)	+ sonstige Anlagen
+ Gütersteuern	+ Vorratsveränderungen/Nettozugang an Wertsachen
- Gütersubventionen	+ Exporte
= Bruttoinlandsprodukt	- Importe
	= Bruttoinlandsprodukt

Verteilungsrechnung
Bruttoinlandsprodukt
+ Saldo der Primäreinkommen aus der übrigen Welt
= Bruttonationaleinkommen
- Abschreibungen
= Nettonationaleinkommen (Primäreinkommen)
- Produktions- und Importabgaben an den Staat
+ Subventionen vom Staat
= Volkseinkommen
- Arbeitnehmerentgelt
= Unternehmens- und Vermögenseinkommen

Ausschnitte aus der volkswirtschaftlichen Gesamtrechnung

Konsum + Bruttoinvestition + Außenbeitrag + Saldo der Primäreinkommen aus der übrigen Welt - Abschreibungen = Nettonationaleinkommen	Volkseinkommen - Subventionen + Produktions- und Importabgaben = Nettonationaleinkommen + Abschreibungen = Bruttonationaleinkommen
Konsum + Bruttoinvestition + Außenbeitrag + Saldo der Primäreinkommen aus der übrigen Welt = Bruttonationaleinkommen	Konsum + Bruttoinvestition + Außenbeitrag = Bruttoinlandsprodukt
Arbeitnehmerentgelt + Unternehmer- und Vermögenseinkommen = Volkseinkommen	Bruttoinlandsprodukt = Nettoinlandsprodukt, wenn Bruttoinvestitionen = Abschreibungen

2.3 Produktionskonto

Produktionskonto	
Vorleistungen Abschreibungen (indirekte Steuern abzügl. Subventionen) Nettowertschöpfung	Produktionswert
Produktionswert	Produktionswert

Produktionskonto eines Unternehmens	
Soll (Aufwand) Materialeinkäufe von anderen Unternehmen (Vorleistungen) Abschreibungen auf Sachkapital (Indirekte Steuern abzügl. Subventionen) Kosten der Produktionsfaktoren	Haben (Ertrag) Umsatzerlöse aus Güterverkäufen Lagerveränderungen an eigenen Erzeugnissen Selbst erstellte Anlagen
Produktionswert	Produktionswert

Kosten der Produktionsfaktoren: z.B. Löhne, Gehälter, Mieten, Pachten, Fremdkapitalzinsen, Gewinne

2.4 Einkommenskonto

Einkommenskonto	
Geleistete Faktoreinkommen Geleistete Übertragungen Konsum Ersparnis	Nettowertschöpfung Empfangene Faktoreinkommen Empfangene Übertragungen
Summe	Summe

Einkommenskonto eines Haushalts	
Soll (Einkommensverwendung) Direkte Steuern und Sozialabgaben Konsum Sparen	Haben (Einkommensbildung) Bruttolohn, -gehalt Zins, Miete, Pacht (vor Steuern) Gewinn (vor Steuern) Sozialleistungen
Summe	Summe

2.5 Vermögensänderungskonto

Vermögensänderungskonto	
(Nettoinvestition + Abschreibung) Finanzierungssaldo	Ersparnis Abschreibung
Summe	Summe

Vermögensänderungskonto eines Unternehmens	
Soll (Vermögensverwendung) Bruttoinvestition	Haben (Vermögensbildung) Abschreibungen Nicht entnommene Gewinne Finanzierungsdefizit
Summe	Summe

2.6 Zusammenhänge

Nettowertschöpfung =
Nettoinlandsprodukt zu Faktorkosten/-preisen =
Löhne + Gehälter + Mieten + Pachten + Zinsen + Gewinne =
Volkseinkommen =
Nettoinlandprodukt zu Marktpreisen abzügl.
(indirekte Steuern abzügl. Subventionen) =
Summe aller Erwerbs- und Vermögenseinkommen von Inländern =
Kosten der Produktionsfaktoren

Bruttowertschöpfung =
Nettoinlandsprodukt zu Herstellungspreisen + Abschreibungen
Bruttowertschöpfung abzügl. Abschreibungen = Nettowertschöpfung

Bruttoinlandsprodukt zu Marktpreisen = Produktionswert abzügl. Vorleistungen

Nettoinlandsprodukt zu Marktpreisen = Bruttoinlandsprodukt zu Marktpreisen abzügl. Abschreibungen

Exporte abzügl. Importe = Außenbeitrag
Exporte > Importe → positiver Außenbeitrag

	Bruttoinlandsprodukt
+	Saldo der Erwerbs- und Vermögenseinkommen zwischen In- und Ausland
+	Saldo der empfangenen Subventionen aus der EU und den geleisteten Produktions- und Importabgaben an die EU
=	Bruttonationaleinkommen

Primäreinkommen =
Nettonationaleinkommen zu Marktpreisen =
Bruttonationaleinkommen abzügl. Abschreibungen

Primäre Einkommensverteilung = auf dem Markt erzielte Bruttoeinkommen der Haushalte
Sekundäre Einkommensverteilung = verfügbare Einkommen der Haushalte

	Bruttoeinkommen der privaten Haushalte (Erwerbs- und Vermögenseinkommen)
+	Transfereinkommen (z.B. Kindergeld)
=	gesamtes Bruttoeinkommen der privaten Haushalte
-	direkte Steuern (z.B. Einkommensteuer)
-	Sozialversicherungsbeiträge der Arbeitnehmer
=	verfügbares Einkommen (für privaten Verbrauch und Sparen)

2.7 Lohnquote, Gewinnquote, Einkommensquote, Arbeitslosenquote

Lohnquote = $\frac{\text{Einkommen aus unselbstst. Arbeit}}{\text{Volkseinkommen}} \cdot 100$	Lohnquote = $\frac{\text{Arbeitnehmerentgelt}}{\text{Volkseinkommen}} \cdot 100$
ergänzte Lohnquote (Arbeitseinkommensquote) = $\frac{\text{Arbeitseinkommen}}{\text{Volkseinkommen}} \cdot 100$	
Gewinnquote = $\frac{\text{Einkommen aus Unternehmertätigkeit und Vermögen}}{\text{Volkseinkommen}} \cdot 100$	
Einkommensquote = $\frac{\text{Einkommen aus Unternehmertätigkeit und Vermögen}}{\text{Volkseinkommen}} \cdot 100$	
Arbeitslosenquote in % = $\frac{\text{registrierte Arbeitslose}}{\text{Erwerbspersonen in abhängiger Beschäftigung}} \cdot 100$	

2.8 Elastizitäten

Steigen oder fallen Preise, verändern Haushalte und Unternehmen ihre Nachfrage und ihr Angebot. Zur Messung der Stärke der Veränderungen verwendet man die Elastizität. Die Elastizität eines Gutes ist das prozentuale Verhältnis zwischen Preisänderung oder Einkommensänderung (Ursache) zur Mengenänderung (Wirkung).

2.8.1 Preiselastizität des Angebots

Niedrigere Preise führen zu einer geringeren angebotenen Menge, während höhere Preise eine größere angebotene Menge bedingen.

$$\text{Preiselastizität des Angebots} = \frac{\text{prozentuale Mengenänderung des Angebots}}{\text{prozentuale Preisänderung}}$$

2.8.2 Direkte Preiselastizität der Nachfrage

Die direkte Preiselastizität der Nachfrage ist das Verhältnis einer prozentualen Nachfrageänderung für ein bestimmtes Gut zu einer prozentualen Preisänderung dieses Gutes.

$$\text{direkte Preiselastizität der Nachfrage} = \frac{\text{prozentuale Mengenänderung}}{\text{prozentuale Preisänderung}}$$

Der Preis steigt von 4€ auf 5€, also um 25 %. Die Nachfrage sinkt von 4 auf 2 Stück, also um 50 %.

$$\text{direkte Preiselastizität der Nachfrage} = \frac{50}{25} = 2$$

1. Preiselastizität $E > 1$:
   Liegt ein Elastizitätskoeffizient >1 vor, ist die Nachfrage nach diesem Gut elastisch.

2. Preiselastizität $E < 1$:
   Die Nachfrage ist unelastisch.

3. Preiselastizität $E = 1$:
   Die Nachfrage ist proportional-elastisch (iso-elastisch). Preisänderungen ziehen keine Änderung der Konsumausgaben oder der Erlöse nach sich.

4. Preiselastizität $E = 0$:
   Der Nachfrager reagiert nicht auf Preisänderungen. Die Nachfrage ist vollkommen unelastisch. Die Preisänderung bewirkt keine Mengenänderung.

5. Preiselastizität $E = \infty$:
   Die Nachfrage ist vollkommen oder unendlich elastisch. Die Käufer sind bereit, jede zu einem bestimmten Preis erhältliche Menge zu kaufen. Es liegt hier der besondere Fall der vollständigen Konkurrenz vor.

$E_N > 1$, elastisch
Die prozentuale Preisänderung ist kleiner als die prozentuale Mengenänderung.

$E_N < 1$, unelastisch
Die prozentuale Preisänderung ist größer als die prozentuale Mengenänderung.

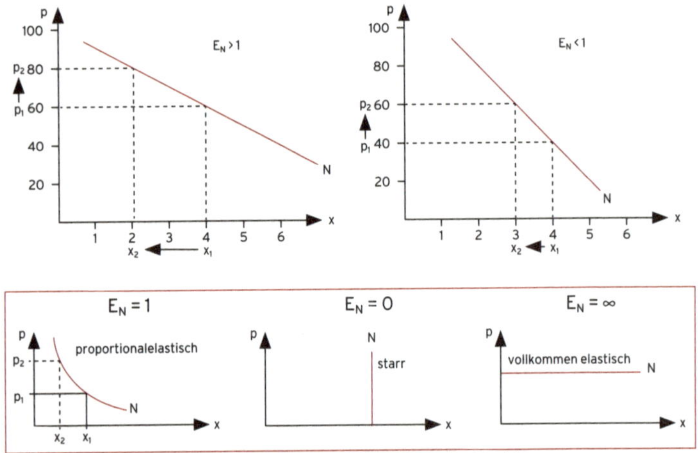

Grafische Darstellung der direkten Preiselastizität der Nachfrage

2.8.3 Indirekte Preiselastizität der Marktnachfrage (Kreuzpreiselastizität)

Die indirekte Preiselastizität der Nachfrage ist das Verhältnis einer prozentualen Nachfrageänderung für ein Gut A zu einer prozentualen Preisänderung eines Gutes B.

$$\text{Kreuzpreiselastizität} = \frac{\text{prozentuale Mengenänderung des Gutes A}}{\text{prozentuale Preisänderung des Gutes B}}$$

Die Nachfrage nach Gut A steigt um 20 %, der Preis von Gut B steigt um 30 %.

$$\text{Kreuzpreiselastizität} = \frac{20}{30} = 0{,}67$$

1. Kreuzpreiselastizität E_K = positiv:
   Preis und Menge bewegen sich in die gleiche Richtung, d. h. die Nachfrage nach Gut A steigt, wenn der Preis von Gut B steigt, wobei Gut B ein substitutives Gut ist.
2. Kreuzpreiselastizität E_K = negativ:
   Preis und Menge bewegen sich in entgegengesetzter Richtung. Es handelt sich um komplementäre Güter, sodass eine Preiserhöhung beim Gut B eine Nachfrageminderung bei Gut A verursacht.
3. Kreuzpreiselastizität E_K = 0:
   Eine Preissteigerung eines Gutes führt zu keiner Mengenänderung eines anderen Gutes. Es handelt sich hier also um indifferente (unverbundene) Güter.

2.8.4 Einkommenselastizität der Nachfrage

Hier wird gemessen, wie stark die Nachfrage auf Einkommensänderungen reagiert, wenn die Güterpreise unverändert bleiben.

$$\text{Einkommenselastizität} = \frac{\text{prozentuale Änderung der Nachfragemenge}}{\text{prozentuale Änderung des Einkommens}}$$

Die Nachfrage nach einem Gut steigt um 10 %. Das Einkommen steigt um 30 %.

$$\text{Einkommenselastizität} = \frac{10}{30} = 0{,}33$$

1. Einkommenselastizität $E_Y > 1$:
   Die Nachfrage ist elastisch, wenn die Nachfrage nach einem Gut stärker steigt als das Einkommen. Dies kann bei Luxusgütern der Fall sein.
2. Einkommenselastizität $E_Y < 1$:
   Es liegt eine unelastische Nachfrage vor, wenn die Nachfrage nach einem Gut weniger steigt als das Einkommen. Typischerweise findet man das bei Nahrungsmitteln.
3. Einkommenselastizität $E_Y = 1$:
   Hier liegt genau der Grenzfall zwischen elastischem und unelastischem Verhalten vor. Man bezeichnet es als proportional-elastisch.
4. Einkommenselastizität $E_Y = 0$:
   Die Nachfrage ist vollkommen unelastisch. Ein Gut wird nicht mehr nachgefragt, auch wenn das Einkommen steigt. Ein Haushalt kauft auch bei steigendem Einkommen nicht mehr Nudeln.
5. Einkommenselastizität E_Y = negativ:
   Inferiore Güter werden von einem Haushalt bei steigendem Einkommen absolut weniger nachgefragt. Sie werden durch superiore (höherwertige) Güter bei steigendem Einkommen ersetzt.

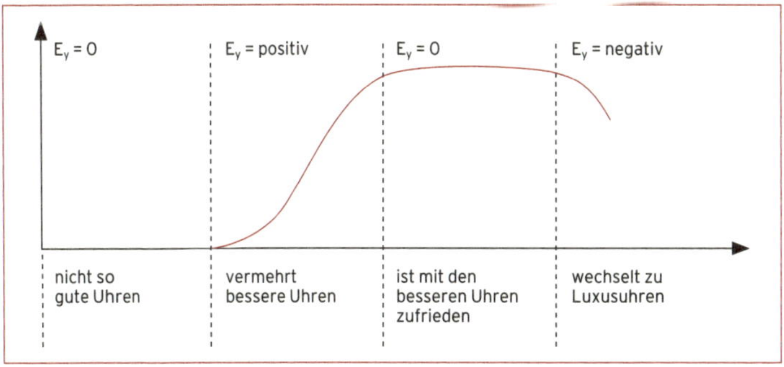

Beziehungen zwischen Nachfragemenge für ein Gut und Haushaltseinkommen

2.9 Verschiedenes

Magisches Viereck, magisches Vieleck (Sechseck)
Magisches Viereck: Vollbeschäftigung (hoher Beschäftigungsstand), Preisniveaustabilität, außenwirtschaftliches Gleichgewicht, angemessenes und stetiges Wirtschaftswachstum.

Beim magischen Vieleck kommt noch dazu: Erhaltung der Umwelt (Ökologie), gerechte Verteilung der Einkommen.

Net Economic Welfare (NEW)
Der Wohlstand wird über Sozialindikatoren gemessen, festgelegt von der OECD (Organization for Economic Cooperation and Development), z.B. Gesundheit (Ärzte pro Kopf der Bevölkerung), Lernen und Ausbildung usw. Eine weitere Möglichkeit der Wohlstandsmessung ist der NEW.

	Bruttoinlandsprodukt (als Wert aller Sachgüter und Dienstleistungen)
-	soziale Kosten
+	private und soziale Dienste
=	NEW (wirtschaftlicher Nettowohlstand)

Kaufkraft	
$\text{Kaufkraft} = \frac{1}{\text{Preisniveau}}$	Kaufkraft der Währungseinheit = $\frac{\text{eine Währungseinheit (€)}}{\text{Lebenshaltungskostenindex (\%)}} \cdot 100$
Sobald die Preise steigen, sinkt die Kaufkraft und umgekehrt. Mit einer Geldeinheit können weniger Güter gekauft werden als vorher.	

Indexentwicklung in Prozent	
Veränderung des Preisindex $\left(\frac{\text{neuer Indexstand}}{\text{alter Indexstand}} \cdot 100\right) - 100$	Veränderung der Kaufkraft $\left(\frac{\text{alter Indexstand}}{\text{neuer Indexstand}} \cdot 100\right) - 100$
Die Veränderung des Preisindex kann in Punkten oder Prozenten angegeben werden. Der Preisindex steigt von 110 auf 120. Der Anstieg beträgt 10 Punkte. $\text{Veränderung des Preisindex} = \left(\frac{120}{110} \cdot 100\right) - 100 = 9{,}09\,\%$ $\text{Veränderung der Kaufkraft} = \left(\frac{110}{120} \cdot 100\right) - 100 = 8{,}33\,\%$ Eine Steigerung des Preisindex um 10 Punkte bzw. 9,09 % bedeutet ein Sinken der Kaufkraft um 8,33%.	

Lebenshaltungsindex, Lebenshaltungskostenindex, Preissteigerungsrate, Preisindex

$$\text{Lebenshaltungsindex} = \frac{\text{Wert des Warenkorbes im Berechnungsjahr}}{\text{Wert des Warenkorbes im Basisjahr}} \cdot 100$$

$$\text{Lebenshaltungskostenindex} = \frac{\text{Konsumsumme in der laufenden Periode (€)}}{\text{Konsumsumme in der Basisperiode (€)}} \cdot 100$$

$$\text{Preissteigerungsrate} = \frac{\text{Änderung des Preisindex gegenüber dem Vorjahresmonat}}{\text{Preisindex im Vorjahresmonat}} \cdot 100$$

$$\text{Preisindex} = \frac{\text{Preis im aktuellen Jahr}}{\text{Preis im Vorjahr}} \cdot 100$$

Fischer'sche Verkehrsgleichung, Preisniveau, Inflationsrate

Gütervolumen = Geldvolumen

Gütermenge · Preisniveau = Geldmenge · Umlaufgeschwindigkeit

z.B. 200 Stück · 10 € pro Stück = 500 € · 4

Steigt die Geldmenge stärker als die Gütermenge, werden die Preise steigen (und umgekehrt).

$$\text{Preisniveau} = \frac{\text{Geldmenge} \cdot \text{Umlaufgeschwindigkeit}}{\text{Gütermenge}} \cdot 100$$

$$\text{Inflationsrate} = \frac{\text{Lebenshaltungskostenindex lfd. Monat} - \text{Lebensh.k.index Vorjahresmonat}}{\text{Lebenshaltungskostenindex Vorjahresmonat}} \cdot 100$$

Realeinkommen

$$= \frac{\text{Nominaleinkommen}}{\text{Preisniveau der Konsumgüter}}$$

Reallohnindex

$$= \frac{\text{Nominalindex}}{\text{Preisindex}} \cdot 100$$

Das Nominaleinkommen eines Mitarbeiters steigt innerhalb von zwei Jahren von 3.000 € auf 3.200 €. Das Preisniveau erhöht sich in diesem Zeitraum um 4 %.

$$\text{Steigerung des Nominallohns} = \frac{3.200 \cdot 100}{3.000} = 106{,}67\,\%$$

$$\text{Steigerung des Reallohns} = \frac{106{,}67 \cdot 100}{104} = 102{,}57\,\% \text{ oder } \frac{3.200}{104} \cdot 100 = 3.076{,}92\,€$$

Von der Nominalsteigerung um 6,67 % bleibt hier nur eine Reallohnsteigerung von 2,57 % übrig. Dies entspricht 76,92 €.

Terms of Trade
Mit Terms of Trade bezeichnet man das reale Austauschverhältnis zwischen international gehandelten Waren. Man drückt damit aus, wie viele Importgüter für eine Einheit an exportierten Gütern ausgetauscht werden können.

$$\text{Terms of Trade} = \frac{\text{Index der Durchschnittswerte der Ausfuhr}}{\text{Index der Durchschnittswerte der Einfuhr}} \cdot 100$$

Tipp! Die Terms of Trade verschlechtern sich, wenn die Einfuhrpreise schneller als die Ausfuhrpreise steigen. Sie verbessern sich, wenn die Ausfuhrpreise stärker steigen als die Einfuhrpreise.

2.10 Zahlungsbilanz

Zahlungsbilanz nach dem Gliederungsschema der Bundesbank	
A. Leistungsbilanz Außenhandel - Ausfuhr (fob) - Ergänzungen zum Warenverkehr Dienstleistungen - Einnahmen - Ausgaben Erwerbs- und Vermögenseinkommen Laufende Übertragungen - Leistungen - Eigene Leistungen **B. Vermögensübertragungen** **C. Kapitalbilanz** Direktinvestitionen - Deutsche Anlagen im Ausland - Ausländische Anlagen im Inland	Wertpapiere - Deutsche Anlagen im Ausland (Aktien, Rentenwerte) - Ausländische Anlagen im Inland (Aktien, Rentenwerte) Finanzderivate Kreditverkehr - Kreditinstitute - Unternehmen und Privatpersonen - Staat - Bundesbank Sonstige Kapitalanlagen **D. Veränderungen der Währungsreserven zu Transaktionswerten** **E. Saldo der statistisch nicht aufgliederbaren Transaktionen (Restposten)**

Teilbilanzen der Leistungsbilanz: Handelsbilanz, Dienstleistungsbilanz, Erwerbs- und Vermögenseinkommen, Übertragungsbilanz

Zahlungsbilanz		Teilbilanzen	
Ausfuhr von Waren	Einfuhr von Waren	**Handelsbilanz**	**Leistungsbilanz**
Ausfuhr von Dienstleistungen	Einfuhr (Reise nach Japan)	**Dienstleistungsbilanz**	
Einnahmen (Zinsertrag für US-Wertpapiere)	Ausgaben (Dividendenzahlung an Chinesen)	**Erwerbs- und Vermögenseinkommen**	
Leistungen aus dem Ausland (Rente aus USA)	Leistungen an das Ausland (UNO-Beitrag)	**Übertragungsbilanz** (laufende Übertragungen)	

Leistungen vom Ausland (Erbschaft aus USA)	Leistungen an das Ausland (Schenkung)	**Vermögensübertragungen** (einmalige Übertragung)
Ausländische Anlagen im Inland (Chinese kauft deutsche Aktien) Auslandsverbindlichkeiten	Deutsche Anlagen im Ausland (Deutscher kauft US-Wertpapiere) Auslandsforderungen	**Kapitalbilanz** - Direktinvestitionen - Wertpapieranlagen - Kreditverkehr
Abnahme von Währungsreserven	Zunahme von Währungsreserven	**Veränderung der Währungsreserven**

2.11 Investitionen und Einkommen

Investitionen und Einkommen für Haushalte und Unternehmen, Y, C, I, S

Y = Wert aller geschaffenen Güter	C = Wert der Konsumgüter
I = Wert der Investitionsgüter	S = Sparen
Y = C + I Y = C + S →	Daraus folgt: C + I = C + S I = S
Für Haushalte gilt: Y = C + S Y = Einkommen der Faktoren (Gehälter, Löhne, Mieten, Pacht, Zinsen, Gewinne) C = Abflüsse (Konsumausgaben) S = Abflüsse (Sparen)	Für Unternehmen gilt: Y = C + I Y = Ausgaben für Faktorleistungen (= Faktorkosten) bzw. Wert der zusätzlichen Produktion, bewertet zu Faktorkosten (= Nettowertschöpfung) C = Zuflüsse (Umsatzerlöse aus Konsumgüterverkäufen) I = Zuflüsse (Wertezuwachs des Produktivkapitals)
I = S → gesamtwirtschaftliches Gleichgewicht	
$S_{geplant} > I_{geplant}$ Ausgleich erfolgt über ein sinkendes Zinsniveau	
$S_{geplant} < I_{geplant}$ Ausgleich erfolgt über ein steigendes Zinsniveau	

Nettoinvestition und Bruttoinvestition

Bruttoinvestition - Ersatzinvestition = **Nettoinvestition**	**Bruttoinvestition** = Anschaffung von Anlagevermögen und Veränderung von Umlaufvermögen

Lorenzkurve der Einkommensverteilung

Die Kurve gibt an, welcher Anteil der gesamten Einkommen der Haushalte auf einen bestimmten Anteil der Haushalte entfällt. Je stärker die Krümmung ist, desto ungleicher ist die Verteilung. Die Fläche zwischen der Kurve und der Diagonalen ist ein Maß für die Ungleichverteilung.

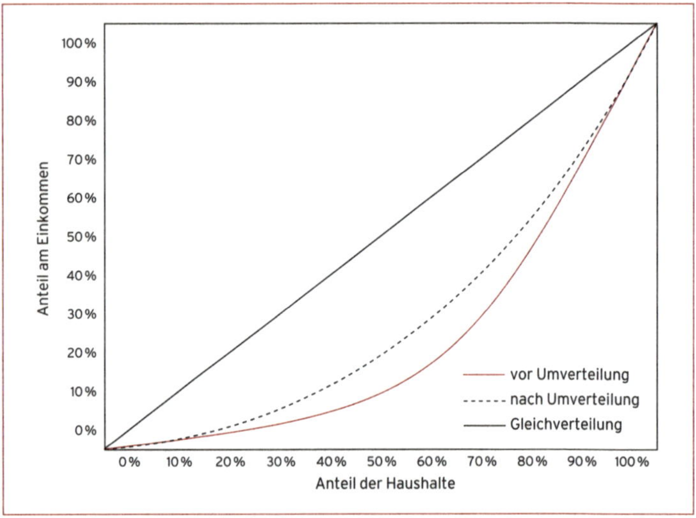

Grafik: Lorenzkurve

2.12 Geldschöpfungsmultiplikator, Kassenreservesatz

$$\text{Geldschöpfungsmultiplikator} = \frac{1}{\text{Kassenreservesatz}}$$

$$\text{Geldschöpfungsmultiplikator} = \frac{1}{\text{Kassenreserve} + \text{Mindestreserve}}$$

Kassenreservesatz = 10 % = 0,1 → Geldschöpfungsmultiplikator = 1 : 0,1 = 10

Kassenreservesatz = 20 % = 0,2 → Geldschöpfungsmultiplikator = 1 : 0,2 = 5

Kreditvergabe = Einzahlung (Einlage) abzügl. Kassenreserve abzügl. Mindestreserve

Gesamtreservesatz (%) = Kassenreserve (%) + Mindestreserve (%)

Sekundärer Geldschöpfungsprozess			
Kreditinstitut	**Sichteinlage**	**Kassenreserve 10 %**	**Kreditvergabe**
Geier-Bank	100.000 €	10.000 €	90.000 €
Pleiten-Bank	90.000 €	9.000 €	81.000 €
Zocker-Bank	81.000 €	8.100 €	72.900 €
usw.			
Bei einem Geldschöpfungsmultiplikator von 10 verzehnfacht sich theoretisch die ursprüngliche Geldmenge: 100.000 € + 90.000 € + 81.000 € + usw.			

$$\text{gesamte Buchgeldschöpfung (€)} = \frac{\text{erste Einlage (€)}}{\text{Gesamtreservesatz (\%)}} \cdot 100$$

$$\text{Buchgeldschöpfungsmultiplikator} = \frac{1}{\text{Gesamtreservesatz (\%)}} \cdot 100$$

$$\text{aktive Buchgeldschöpfung (€)} = \frac{\text{erste Kreditvergabe (€)}}{\text{Gesamtreservesatz (\%)}} \cdot 100$$

2.13 Grafische Darstellungen

Grenznutzen, 1. Gossensches Gesetz, Gesamtnutzen, Sättigungsmenge

Mit zunehmender Erfüllung eines Bedürfnisses durch ein Gut nimmt der Grenznutzen ab, bis das Nutzenmaximum erreicht wird. Der Grenznutzen kann auch negativ werden.

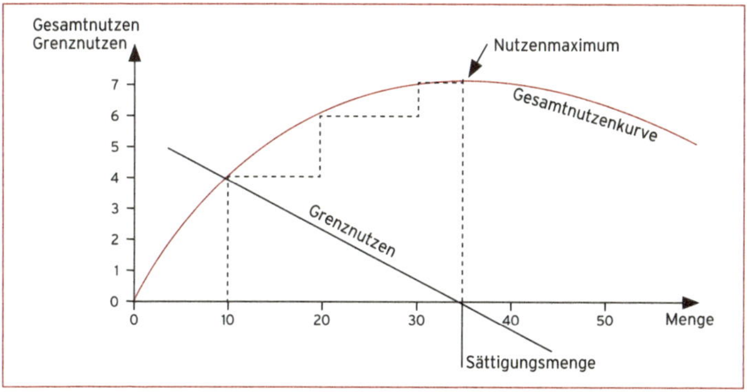

Abnehmender Grenznutzen

Haushaltsoptimum, 2. Gossensches Gesetz, Haushaltsgleichgewicht, Nutzenmaximum

Ein Haushalt ist zwischen den beiden Güterbündeln X und Y indifferent.

Alle Güterbündel mit gleichem Nutzenindexwert werden durch eine Indifferenzkurve I erfasst.

Die Nutzenfunktion U = X · Y ergibt den Nutzenindexwert.

Die Fläche unter der Geraden zeigt die Budgetrestriktion des Haushalts.

Der Tangentialpunkt G zeigt den größtmöglichen Nutzen (100 · X und 125 · Y), also das Haushaltsoptimum oder Haushaltsgleichgewicht. Die Steigungen von Budgetgerade und Indifferenzkurve stimmen überein.

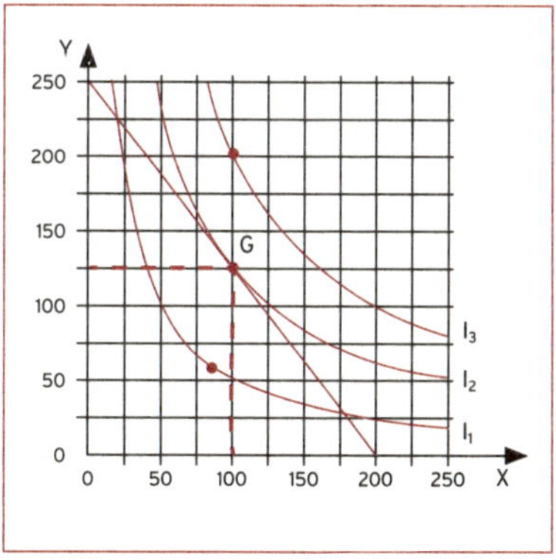

Tipp! Die (absolute) Steigung der Indifferenzkurve ist das Verhältnis der Grenznutzen von X und Y. Die (absolute) Steigung der Budgetgeraden entspricht dem Preisverhältnis der Güter X und Y. Im Haushaltsgleichgewicht entspricht das Verhältnis der Grenznutzen der beiden Güter ihrem Preisverhältnis.

Isoquante, Isokosten, Minimalkostenkombination

Die Substitution von Produktionsfaktoren - meist Faktor Arbeit durch Faktor Kapital - lässt sich mithilfe der Isoquante darstellen. Die Isoquante zeigt unterschiedliche Faktoreinsätze bei gleicher Mengenausbringung.

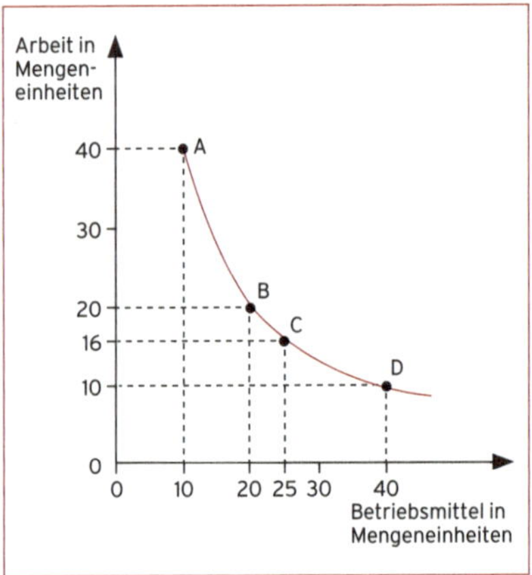

Die eingezeichnete Isoquante zeigt an den vier Punkten die Faktorkombinationen mit der jeweils gleichen Ausbringung.

40 Arbeit · 10 Betriebsmittel = 400

20 Arbeit · 20 Betriebsmittel = 400

16 Arbeit · 25 Betriebsmittel = 400

10 Arbeit · 40 Betriebsmittel = 400

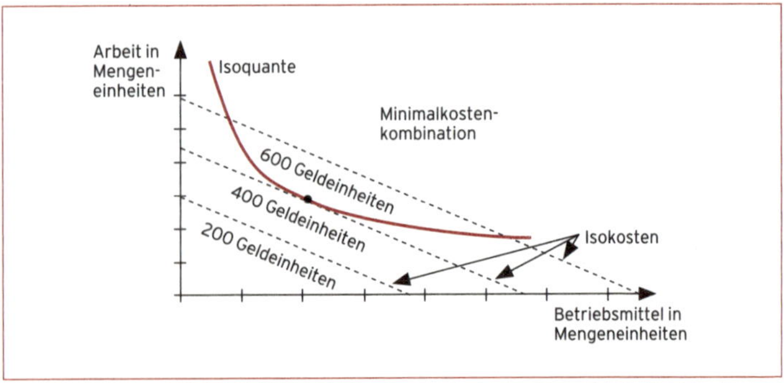

Ein Unternehmer möchte möglichst günstig produzieren. Er sucht die kostengünstigste Kombination der Produktionsfaktoren, die Minimalkostenkombination. Die Linien der Isokosten zeigen die gleichen Kosten bei unterschiedlichen Faktoreinsätzen. Die Minimalkostenkombination ist dort erreicht, wo die Isoquante eine Isokostenlinie berührt (Tangentialpunkt).

Wirtschaftswachstum

Zyklisches Wachstum	konjunkturelle Abweichungen vom Trend
Stetiges Wachstum	Exponentiell: Das reale Bruttoinlandsprodukt nimmt jährlich um eine bestimmte Wachstumsrate zu. Linear: Der absolute Zuwachs ist jedes Jahr gleich. Die Wachstumsraten nehmen ab.
Organisches Wachstum (Ertragsgesetz)	Das Wachstum steigt zunächst überproportional und dann unterproportional bis zum Nullwachstum (Stagnation).

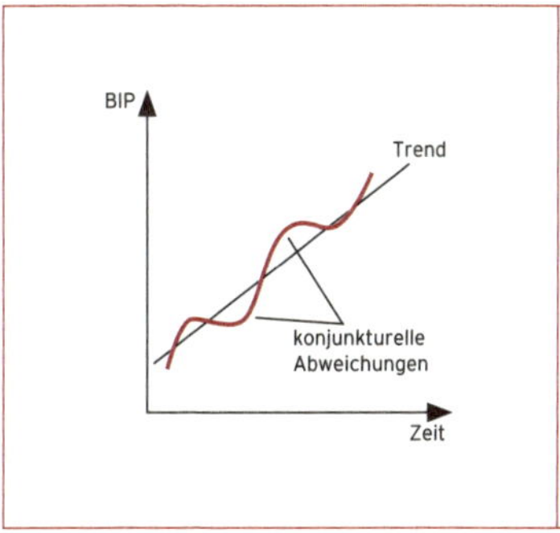

Zyklisches Wachstum

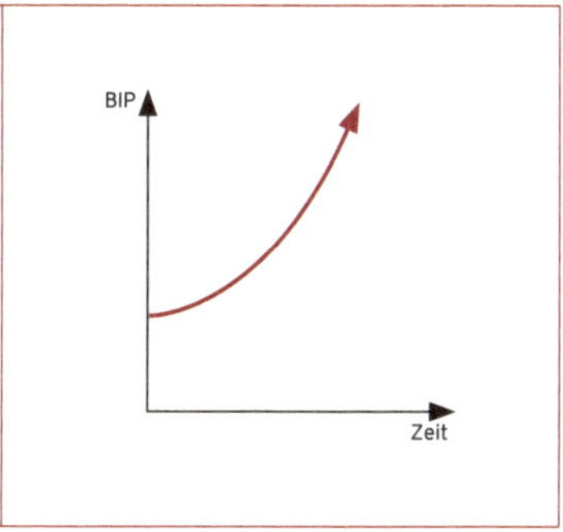

Exponentielles Wachstum

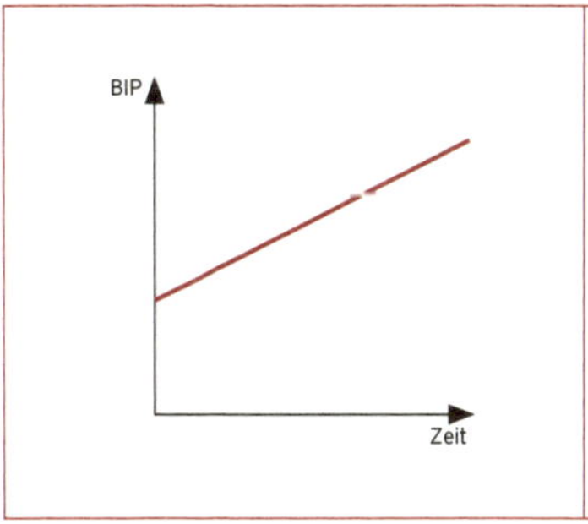

Lineares Wachstum

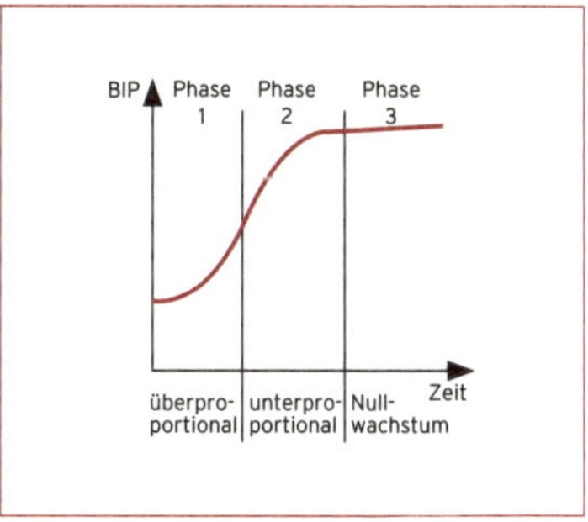

Organisches Wachstum

Zunehmende und abnehmende Nachfrage

Steigt die Nachfrage, verschiebt sich die Kurve nach rechts und umgekehrt. Der Preismechanismus führt immer wieder zum Gleichgewichtspreis.

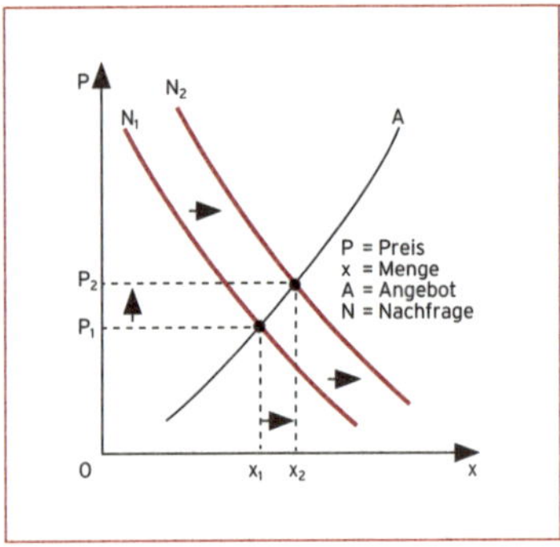

Steigende Nachfrage

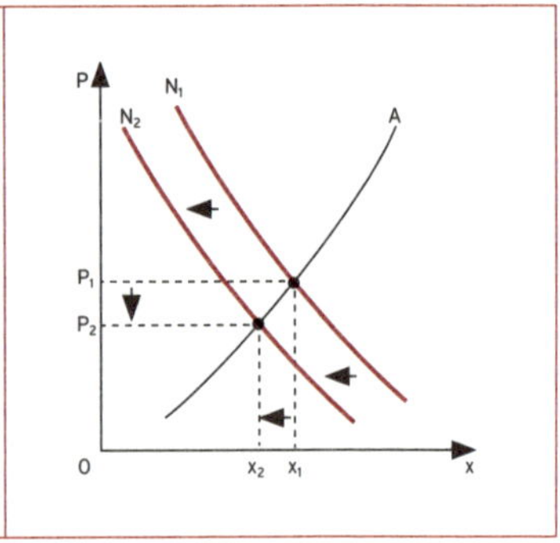

abnehmende Nachfrage

Zunehmendes und abnehmendes Angebot

Nimmt das Angebot zu, verschiebt sich die Kurve nach rechts und umgekehrt. Der Preismechanismus führt immer wieder zum Gleichgewichtspreis.

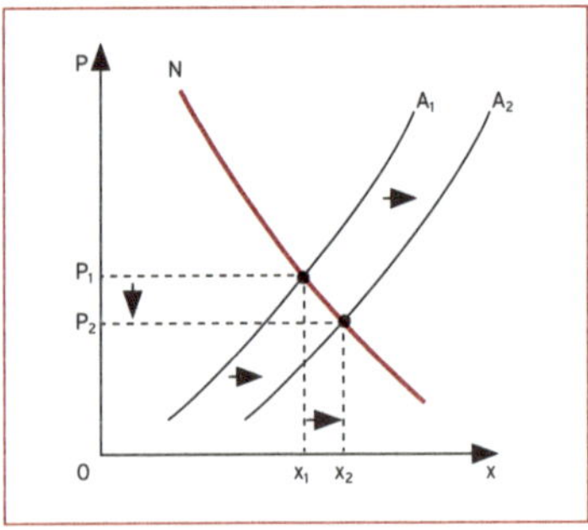

Zunehmendes Angebot

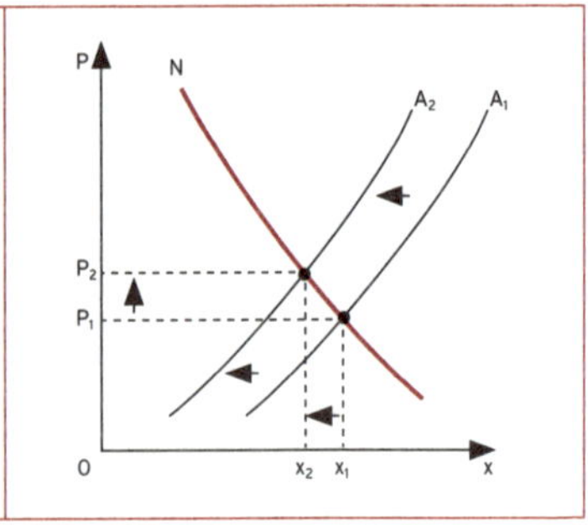

abnehmendes Angebot

Angebotsüberschuss, Nachfrageüberschuss, Konsumentenrente, Produzentenrente

Besteht ein Angebotsüberhang (Nachfragelücke, Marktpreis liegt über dem Gleichgewichtspreis), spricht man von einem Käufermarkt. Die Anbieter konkurrieren und es finden Preissenkungen statt. Besteht ein Nachfrageüberhang (Angebotslücke, Marktpreis liegt unter dem Gleichgewichtspreis), spricht man von einem Verkäufermarkt. Die Nachfrager konkurrieren, was zu steigenden Preisen führt. Das ruft neue Produzenten auf den Markt und die Anbieter erweitern ihr Angebot so lange, bis das Marktgleichgewicht wieder hergestellt ist.

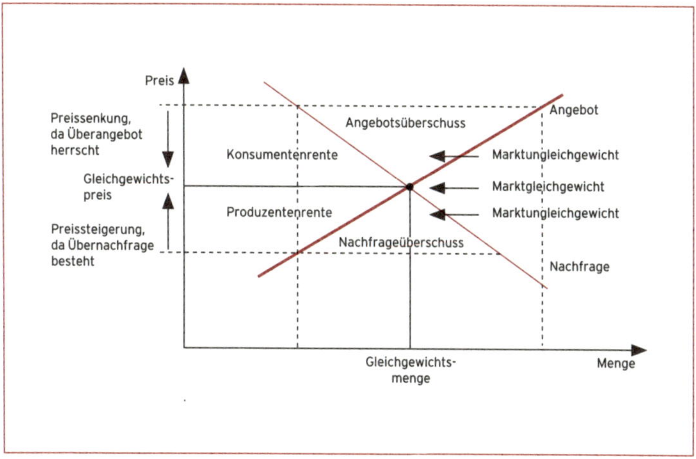

Käufer- und Verkäufermarkt

Tipp! Über Preis- und Mengenanpassungen tendiert der Markt zum Gleichgewicht (Preismechanismus, Marktmechanismus).

Tipp! Die Konsumentenrente ist die Differenz aus dem Preis, den der Konsument für ein Gut zu zahlen bereit ist (Reservationspreis) und dem Gleichgewichtspreis, den der Konsument tatsächlich zahlen muss (Marktpreis). Die Konsumentenrente ergibt sich als Fläche unterhalb der Nachfragekurve bis zur Preislinie.

Tipp! Die Produzentenrente ist die Differenz aus dem Marktpreis und dem Preis, zu dem der Produzent sein Gut noch anbieten würde (Reservationspreis). Der Produzent hätte also seine Erzeugnisse auch zu einem geringeren Preis als dem Marktpreis verkauft, erzielt im Marktgleichgewicht nun aber einen höheren Erlös, als er geplant hatte.

Angebots- und Nachfrageveränderungen, Nachregelung des Gleichgewichts

Verringern die Anbieter ihr Angebot (z.B. wegen steigender Produktionskosten), verschiebt sich die Angebotskurve nach links. Es kommt zu einem Angebotsdefizit (Nachfrageüberhang). Dadurch erhöhen sich die Preise, was wiederum zu einem Rückgang der Nachfrage führt usw.

Erhöht sich die Nachfrage (z.B. durch gestiegene Kaufkraft), verschiebt sich die Nachfragekurve nach rechts. Es kommt zu einem Nachfrageüberhang (Angebotsdefizit). Durch die damit einhergehende Preiserhöhung steigt die Angebotsmenge usw.

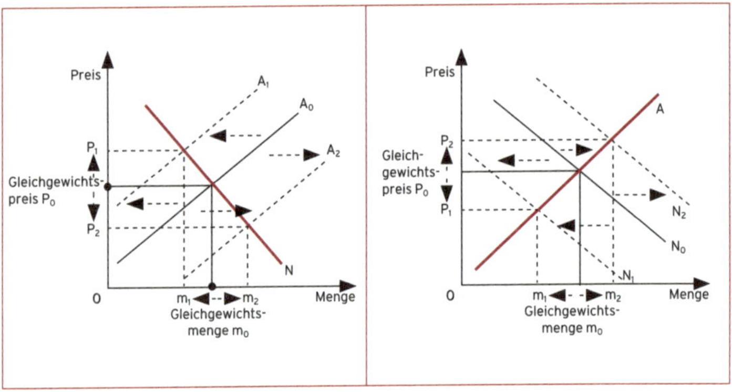

Inflatorische Lücke, deflatorische Lücke

Y = Wert aller geschaffenen Güter	C = Wert der Konsumgüter
I = Wert der Investitionsgüter	S = Sparen

Beim Gleichgewichtseinkommen Y* stimmt die Nachfrage nach Konsum- und Investitionsgütern mit dem Güterangebot überein. Der Begriff „autonom" (S^{aut}, I^{aut}) weist darauf hin, dass eine getroffene Entscheidung auch umgesetzt wird. Die 45^0-Linie kennzeichnet die Übereinstimmung von Angebot und Nachfrage und von den Ausgaben mit dem Einkommen.

Inflatorische Lücke

In der inflatorischen Lücke übersteigt die gesamtwirtschaftliche Nachfrage (C+I) die Produktion (Y). Sofern die Unternehmen über freie Kapazitäten verfügen, werden sie ihre Produktion ausdehnen. Das bedeutet, dass sich die Produktion in Richtung des Gleichgewichtseinkommens verlagert. Das Vollbeschäftigungseinkommen ist kleiner als das Gleichgewichtseinkommen. Das maximale gesamtwirtschaftliche Angebot (Vollbeschäftigungseinkommen) ist kleiner als die gesamtwirtschaftliche Nachfrage (inflatorische Lücke). Bei Vollauslastung der Kapazitäten führt ein Nachfrageüberhang zur Preissteigerungstendenz.

Deflatorische Lücke

Im Bereich der deflatorischen Lücke ist ein Überschussangebot zu verzeichnen. Die Unternehmen können ihre Ware nicht verkaufen und schränken die Produktion ein. Das Vollbeschäftigungseinkommen ist größer als Gleichgewichtseinkommen. Das maximale gesamtwirtschaftliche Angebot ist größer als die gesamtwirtschaftliche Nachfrage (deflatorische Lücke). Bei Überkapazitäten führt das Überangebot zu Preissenkungstendenzen.

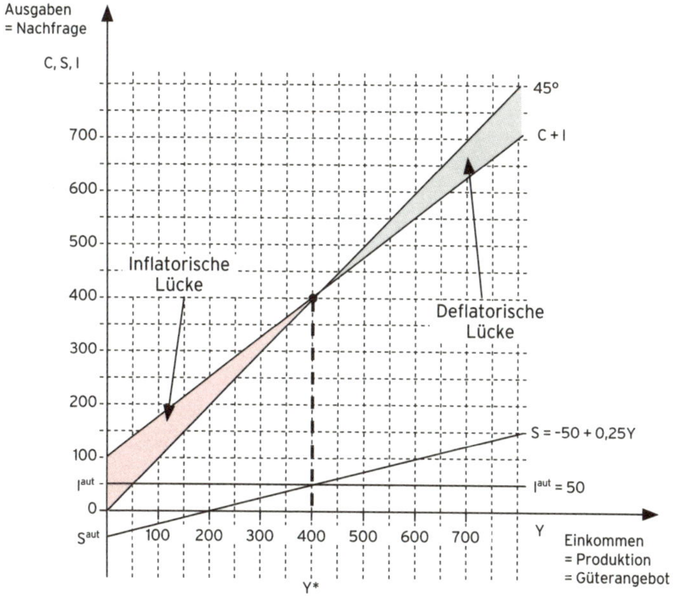

Inflatorische und deflatorische Lücke

Cournot'scher Punkt

Beim Angebotsmonopol kann der Monopolist Preis oder Menge autonom bestimmen. Er kann den Preis nicht beliebig erhöhen, da sonst die Nachfrage zu sinken beginnt. Der Cournot'sche Punkt führt zur gewinnmaximalen Absatzmenge (siehe Grafik).

Tipp! Die Gewinnmaximierungsbedingung lautet:
Grenzerlöse E' = Grenzkosten K'

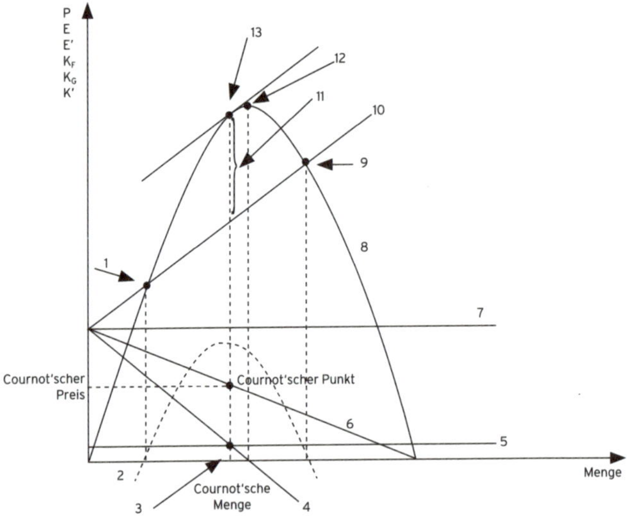

Cournot'scher Punkt

1	Gewinnschwelle	8	Gesamterlöskurve
2	Gewinn-/Verlustkurve	9	Gewinngrenze
3	Schnittpunkt von Grenzerlös- und Grenzkostenkurve	10	Gesamtkosten
4	Grenzerlöskurve	11	Gewinnmaximum durch größten Abstand von Erlös- und Kostenkurve
5	Grenzkostenkurve	12	Erlösmaximum
6	Die Preis-Absatz-Funktion zeigt, welche Mengen bei unterschiedlichen Preisforderungen absetzbar sind	13	Konstruktion durch Parallelverschiebung der Gesamtkostenkurve bis zum Tangentialpunkt
7	Fixe Kosten		

Konjunkturzyklus

Aufschwung = Expansion
Hochkonjunktur = Boom
Abschwung = Rezession
Tiefstand = Depression
Konjunkturindikatoren werden eingeteilt in Früh- (z.B. Auftragseingänge der Industrie), Präsenz- (z.B. Auslastungsgrad des Produktionspotenzials) und Spätindikatoren (z.B. Arbeitslosenquote).

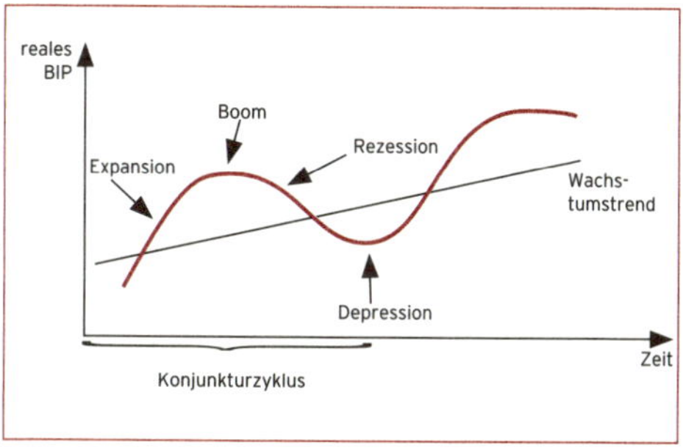

Staatlicher Mindest- und Höchstpreis

Ein Höchstpreis wirkt nur, wenn er unter dem Gleichgewichtspreis liegt. Er soll die Verbraucher vor übermäßig hohen Preisen schützen. Es kommt zu einem Nachfrageüberhang (Verkäufermarkt), weil die Verkäufer zu dem relativ niedrigen Preis das Angebot einschränken.

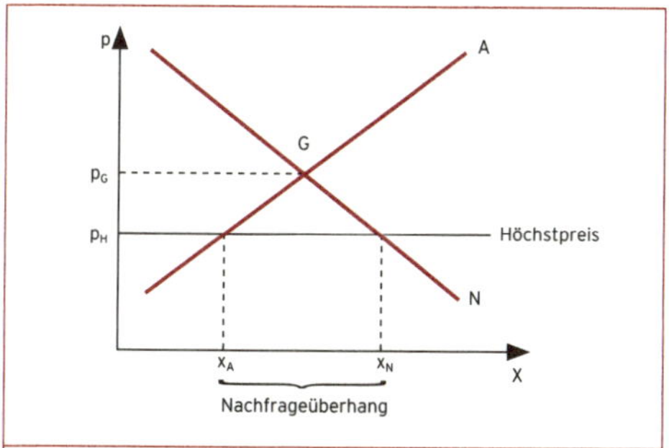

Mindestpreise liegen über dem Gleichgewichtspreis und sollen die Produzenten schutzen. Es entsteht ein Angebotsüberhang (Käufermarkt), weil die Anbieter zu dem relativ hohen Preis ihr Angebot ausweiten. Der Staat muss mengenregulierende Maßnahmen ergreifen.

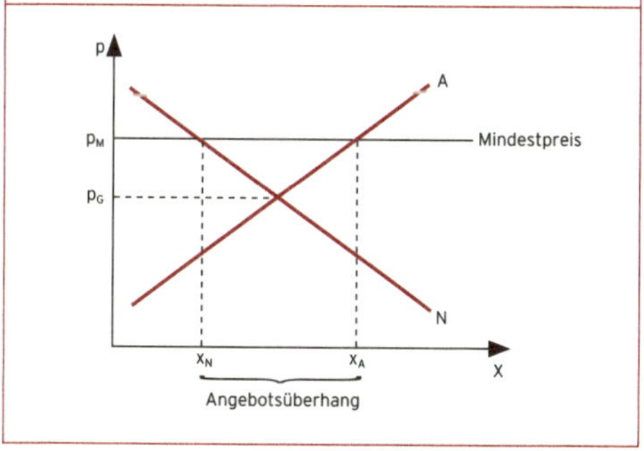

Transformationskurve, Kapazitätskurve, Produktionsmöglichkeitenkurve

Die Kurve stellt die Knappheitssituation bzw. alle effizienten Gütermengenkombinationen aufgrund gegebener Produktionsmöglichkeiten dar.

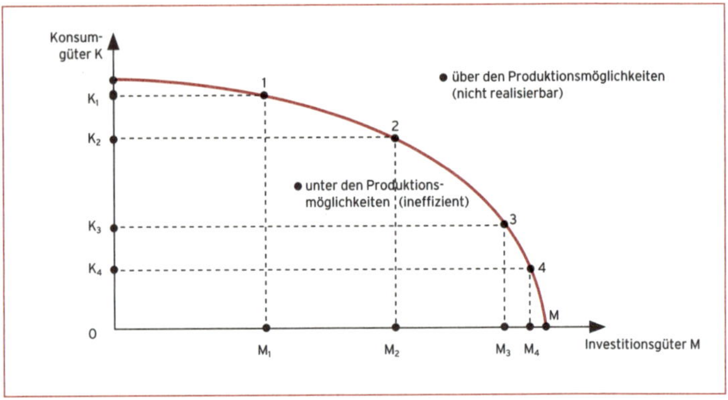

Die Punkte rechts der Kurve sind mit den Produktionsmöglichkeiten nicht erreichbar. Die Punkte links der Kurve zeigen eine unterdurchschnittliche Auslastung der Produktionsanlagen. Eine vollständige Auslastung liegt vor, wenn sich der Punkt auf der Kurve befindet.

Mit zunehmender Spezialisierung auf eines der Güter verringert sich der Zugewinn pro verzichteter Einheit des anderen Gutes. Der Abstand von K_1 zu K_2 entspricht einem Zugewinn an Investitionsgütern der Größe M_1 bis M_2, während der Abstand von K_3 zu K_4 lediglich einen Zuwachs von M_3 bis M_4 bedeutet. Anhand dieser Kurve kann also ermittelt werden, auf wie viele Konsumgüter man verzichten muss, um mehr Investitionsgüter zu produzieren. Dieser Verzicht wird als Alternativ- oder Opportunitätskosten bezeichnet.

3 Material-, Lager- und Produktionswirtschaft mit Statistik

3.1 Lagerkennzahlen

Flächennutzungsgrad in %, Lagerkapazitätsauslastung	$\frac{\text{Genutzte Lagerfläche}}{\text{Vorhandene Lagerfläche}} \cdot 100$
Höhennutzungsgrad in %	$\frac{\text{Genutzte Lagerhöhe}}{\text{Vorhandene Lagerhöhe}} \cdot 100$
Einsatzgrad in %	$\frac{\text{Einsatzzeit}}{\text{Arbeitszeit}} \cdot 100$
Ausfallgrad in %	$\frac{\text{Stillstandszeit}}{\text{Einsatzzeit}} \cdot 100$

Durchschnittswert in Euro	$\frac{\text{Wert des Anfangsbestandes + Wert aller Zugänge}}{\text{Anfangsbestand in Stück + Stückzahl aller Zugänge}}$
Durchschnittlicher Lagerbestand	= durchschnittlich gebundenes Kapital
Durchschnittlicher Lagerbestand	$\frac{\text{Anfangsbestand + Endbestand}}{2}$
Durchschnittlicher Lagerbestand	$\frac{\text{Jahresanfangsbestand + 12 Monatsendbestände}}{13}$
Durchschnittlicher Lagerbestand	$\frac{\text{1/2 Jahresanfangsbestand + 11 Monatsendbestände + 1/2 Endbestand}}{12}$
Durchschnittlicher Lagerbestand	$\frac{\text{Jahresanfangsbestand + Summe vier Quartalsendbestände}}{5}$
Durchschnittlicher Lagerbestand	$\frac{\text{Anfangsbestand + n Endbestände}}{1 + n}$
Durchschnittlicher Lagerbestand	$\frac{\text{optimale Bestellmenge}}{2} + \text{Sicherheitsbestand}$
Durchschnittlicher Lagerbestand	$\frac{\text{Jahresverbrauch}}{\text{Umschlagshäufigkeit}} = \frac{\text{Materialeinsatz/-verbrauch pro Jahr}}{\text{Umschlagshäufigkeit}}$ Hier: **Keine** Berücksichtigung des kontinuierlichen Verbrauchs (siehe nächste Formel)

Durchschnittlicher Lagerbestand	$\frac{\text{Jahresverbrauch}}{\text{Umschlagshäufigkeit}} : 2$ Hier: **Mit** Berücksichtigung des kontinuierlichen Verbrauchs

Der Jahresverbrauch beträgt 120.000€ und die Ware wird 4-mal umgeschlagen. Es wird also alle drei Monate Ware im Wert von 30.000€ bestellt. Angenommen, sie wird z.B. Anfang April geliefert, dann ist Ende Juni nichts mehr da. Also liegt im Durchschnitt die Hälfte der Ware (15.000 Euro) auf Lager. Deshalb wird in der Formel durch 2 geteilt.

Endbestand	Anfangsbestand + Zugänge – Abgänge = Endbestand
Zinsen vom durchschnittlich gebundenen Kapital	z.B. 10 % vom durchschnittlich gebundenen Kapital bzw. vom durchschnittlichen Lagerbestand $\frac{\text{durchschnittl. geb. Kapital} \cdot 10}{100} = \text{durchschnittl. geb. Kapital} \cdot 10\,\%$
Durchschnittsbestand pro Tag	$\frac{\text{Summe der Tagesbestände}}{\text{Anzahl der Tage}}$

Umschlagshäufigkeit	$\frac{\text{Jahresverbrauch}}{\text{Durchschnittlicher Lagerbestand}}$
Umschlagshäufigkeit	$\frac{\text{Verbrauch pro Produktionsperiode}}{\text{Durchschnittlicher Lagerbestand}}$

Tipp! Die Umschlagshäufigkeit ist ein Hinweis auf die Bindungsdauer des Vermögens und damit auf die Höhe des Kapitalbedarfs. Je höher die Umschlagshäufigkeit ist, desto günstiger ist es für das Unternehmen.

Jahresverbrauch Verbrauch	= Jahresanfangsbestand + Zugänge – Jahresendbestand (Rohstoffverbrauch, Materialverbrauch)
Durchschnittliche Lagerdauer	$\frac{\text{360 Tage}}{\text{Umschlagshäufigkeit}}$
Durchschnittliche Lagerdauer	$\frac{\text{Tage pro Produktionsperiode}}{\text{Umschlagshäufigkeit}}$
Sicherheitsbestand	= Mindestbestand = eiserner Bestand = Reserve

Berechnung des Sicherheitsbestands nach Verbrauchswerten:

Sicherheitsbestand	durchschnittlicher Verbrauch · Beschaffungsdauer
Sicherheitsbestand	durchschnittlicher Verbrauch pro Zeiteinheit · Beschaffungsdauer in Zeiteinheiten
Sicherheitsbestand	Risikodauer in Tagen · Tagesverbrauch

Sicherheitsbestand	Durchschnittlicher Verbrauch in der Beschaffungszeit + Sicherheitszuschlag
Sicherheitsbestand	Errechneter Verbrauch in der Beschaffungszeit + Zuschlag für Verbrauchs- u. Beschaffungsschwankungen
Sicherheitsbestand	mengenmäßiger Umsatz pro Monat · Reichweite des Meldebestandes in Monaten
Sicherheitsbestand	durchschnittlicher Lagerbestand pro Monat · Umschlagshäufigkeit pro Monat
Sicherheitsbestand	$\frac{\text{Materialverbrauch in z.B. 4 Monaten}}{\text{4 Monate}}$

Berechnung des Sicherheitsbestands nach dem Fehlerfortpflanzungsgesetz:

Sicherheitsbestand	$\text{Sicherheitsbestand} = \sqrt{V^2 + L^2 + M^2 + B^2}$ V = Verbrauchsabweichung in Mengeneinheiten L = Lieferfristabweichung in Mengeneinheiten M = Minderlieferung in Mengeneinheiten B = Bestandsabweichung in Mengeneinheiten
Sicherheitszeit	$\text{Sicherheitszeit} = \sqrt{V^2 + L^2 + M^2 + B^2}$ V = Sicherheitszeit zum Ausgleichen von Verbrauchsschwankungen L = Sicherheitszeit zum Ausgleichen von Lieferfristüberschreitungen M = Sicherheitszeit zum Ausgleichen von Minderlieferungen B = Sicherheitszeit zum Ausgleichen von Fehlern in der Beständeverwaltung
Sicherheitskoeffizient in %	$\frac{\text{Sicherheitsbestand}}{\text{Durchschnittlicher Bestand}} \cdot 100$
Sicherheitskoeffizient	$\frac{\text{Sicherheitsbestand}}{\text{Durchschnittlicher Bestand}}$
Sicherheitsbestand	Sicherheitskoeffizient · durchschnittlicher Bestand
Mindestbestand Sicherheitsbestand	Tagesumsatz von Waren · Überbrückungszeit in Tagen
Meldebestand	Tagesumsatz von Waren · Lieferzeit in Tagen + Mindestbestand Die „Lieferzeit" kann sich zusammensetzen aus z.B.: Dispositionszeit, Bestell-, Liefer-, Kontrollzeit, interne Transportzeit, Einlagerungszeit
Meldebestand	= Bestellpunktbestand = Mindestbestellmenge + Sicherheitsbestand (siehe Berechnungen)

Meldebestand	2 · Sicherheitsbestand
Meldebestand	Verbrauch je Zeiteinheit · Beschaffungszeit + Sicherheitsbestand (siehe Berechnungen)
Lagerhaltungskostensatz in %	Zinssatz des im Lager gebundenen Vorratskapitals + Lagerkostensatz
Lagerkostensatz in %	$\frac{\text{Lagerkosten je Periode außer Kapitalbindungskosten} \cdot 100}{\text{Durchschnittlicher Lagerbestandswert}}$
Kapitalbindungskosten im Lager, z.B.	durchschnittlicher Lagerbestand · gegebener Prozentsatz
Lagerzinssatz, Lagerzinsen, Lagerungskosten	$\frac{\text{durchschnittliche Lagerdauer} \cdot \text{Jahreszinssatz}}{\text{360 Tage}}$ Der Lagerzinssatz bezieht sich auf den Zeitraum der Lagerdauer. Bei einer durchschnittlichen Lagerdauer von 60 Tagen und einem Jahreszinssatz von 12 % ergibt sich ein Lagerzinssatz von 2 %. $\frac{60 \cdot 12}{\text{360 Tage}} = 2\%$

Diesen Prozentsatz bezieht man auf den durchschnittlichen Lagerbestand, um die Zinsen in Euro auszurechnen, die dieser verursacht (Lagerungskosten).

Lagerungskosten = durchschnittl. Lagerbestand · Einstandspreis · Zinssatz

Als Einstandspreis können – je nach Angaben – eingesetzt werden:

Kosten je Stück oder Herstellkosten je Stück oder

Einkaufspreis + Verpackungskosten + Fracht + Versicherung

Der Zinssatz kann sich aus dem Zinssatz für die Kapitalbindung und dem Zinssatz für die Lagerhaltung zusammensetzen.

Reichweite des Lagerbestandes	$\frac{\text{Durchschnittlicher Lagerbestand}}{\text{Durchschnittlicher Bedarf}}$
Lagerbestand in % des Umsatzes	$\frac{\text{Lagerbestand}}{\text{Umsatz}} \cdot 100$
Lagerbestand in % des Auftragsbestandes	$\frac{\text{Lagerbestand}}{\text{Auftragsbestand}} \cdot 100$
Lagerbestand in % des Umlaufvermögens	$\frac{\text{Lagerbestand}}{\text{Umlaufvermögen}} \cdot 100$
Lagerbestandsstruktur nach der Lagerreichweite	$\frac{\text{Lagerbestand mit einer Reichweite von einem Monat}}{\text{Gesamtlagerbestand}} \cdot 100$

Lagerbestandsstruktur nach der Lagerfähigkeit und Qualität der Waren	$\frac{\text{Lagerbestand verderblicher Waren}}{\text{Gesamtlagerbestand}} \cdot 100$
Lagerbestandsstruktur nach der Verkäuflichkeit der Waren	$\frac{\text{Lagerbestand leicht verkäuflicher Waren}}{\text{Gesamtlagerbestand}} \cdot 100$
Materialumschlag	Materialverbrauch : durchschnittlicher Materialbestand
Lagerumschlag/ Umschlagshäufigkeit	Lagerabgang : durchschnittlicher Lagerbestand
Lagerumschlag/ Umschlagshäufigkeit	Wareneinsatz : durchschnittlicher Lagerbestand
Lagerumschlag/ Umschlagshäufigkeit	Mengenumsatz : durchschnittlicher mengenmäßiger Lagerbestand
Lagerdauer (in Tagen)	Tage des betrachteten Zeitraums : Umschlagshäufigkeit
Auftragsbestand	Alter Auftragsbestand - erledigte Aufträge - Annullierungen + Auftragseingang = neuer Auftragsbestand
Reichweite von Aufträgen	$\text{Reichweite} = \frac{\text{Auftragsbestand}}{\text{durchschnittlicher Monatsumsatz}}$

Servicegrad oder Lieferbereitschaftsgrad	Kapazitätsausnutzungsgrad
$= \frac{\text{Anzahl der erledigten Anforderungen}}{\text{Anzahl aller Anforderungen}} \cdot 100$	$= \frac{\text{Ist-Beanspruchung}}{\text{Kann-Beanspruchung}} \cdot 100$

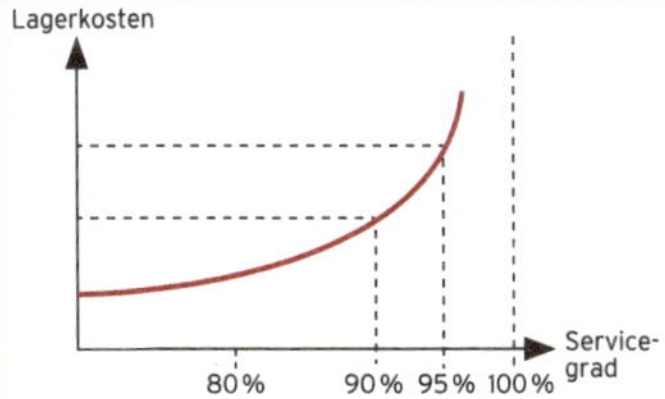

Ein 100%iger Servicegrad ist häufig wegen der überproportional ansteigenden Lagerkosten unwirtschaftlich.

Optimaler Servicegrad = Minimum aus Kosten des Sicherheitsbestandes und der Fehlmengenkosten

Fehlmengenkosten treten auf, wenn die Fertigung wegen Materialmangel unterbrochen wird: teurer Einkauf bei einem anderen Lieferanten, Sonderfahrt zur Anlieferung, Überstunden, Umrüsten, entgangener Gewinn, Konventionalstrafen, Verlust des guten Rufes

3.2 Berechnung des Nettobedarfs, Stücklisten

Sekundärbedarf + Zusatzbedarf = Bruttobedarf - Lagerbestand + Vormerkbestand - Bestellbestand - Werkstattbestand + Sicherheitsbestand = Nettobedarf (positiv oder negativ)	Wird eine Ausschussquote angegeben, muss der Sekundärbedarf als verminderter Grundwert angesetzt werden. Sekundärbedarf 405 Stück 90 % + Ausschussquote 45 Stück 10 % = Bruttobedarf 450 Stück 100 % Probe: Bei einer Ausschussquote von 10 % sind vom Bruttobedarf in Höhe von 450 Stück nur noch 405 Stück zu verwenden.

Sekundärbedarf = Primärbedarf · Menge des jeweiligen Bestandteils des Erzeugnisses

Der Primärbedarf ist die Menge des nachgefragten Erzeugnisses (Kunden-, Lageraufträge). Werden fünf Getriebe bestellt (Primärbedarf) und in jedem je zwei Zahnkränze eingebaut, beträgt der Sekundärbedarf zehn Zahnkränze. Der Tertiärbedarf besteht aus Werkzeugen und Hilfs- und Betriebsstoffen, die bei der Fertigung verbraucht werden.

Zusatzbedarf ist nicht geplanter Bedarf (Ausschuss, Reparatur, in % oder Stück). Der Werkstattbestand hat das Lager verlassen und befindet sich bereits in der Fertigung.

Lagerbestand (ohne Sicherheitsbestand) - Vormerkbestand + Bestellbestand = Verfügbarer Bestand	Vormerkbestände sind für andere Aufträge vorgesehen. Der Bestellbestand zeigt offene Bestellungen (interne Fertigungsaufträge oder externe Lieferantenbestellungen).

Mengenstückliste

Bezeichnung	Menge	Berechnung nach der Erzeugnisstruktur von Emil 7	Primärbedarf 15 · Produkt Emil 7	Sekundärbedarf in Stück
T_1	17	$3T_1 \cdot 3G_1 + 8\,T_1$	15	255
T_2	35	$5T_2 \cdot 2G_4 \cdot 3G_1 + 5T_2 \cdot 1G_4$	15	525
T_5	7	$1T_5 \cdot 2G_4 \cdot 3G_1 + 1T_5 \cdot 1G_4$	15	105

Strukturstückliste

Ebene	Bezeichnung	Menge
1	G_1	3
2	T_1	3
2	G_4	2
3	T_2	5
3	T_5	1
1	G_4	1
2	T_2	5
2	T_5	1
1	T_1	8

Die Strukturstückliste gibt an, welche Teile bzw. Baugruppen auf welcher Fertigungsebene in welcher Anzahl gebraucht werden.

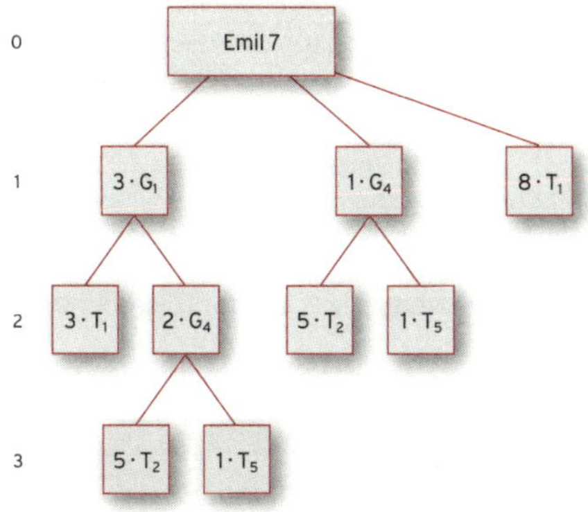

Erzeugnisstruktur vom Produkt Emil 7

Baukastenstückliste

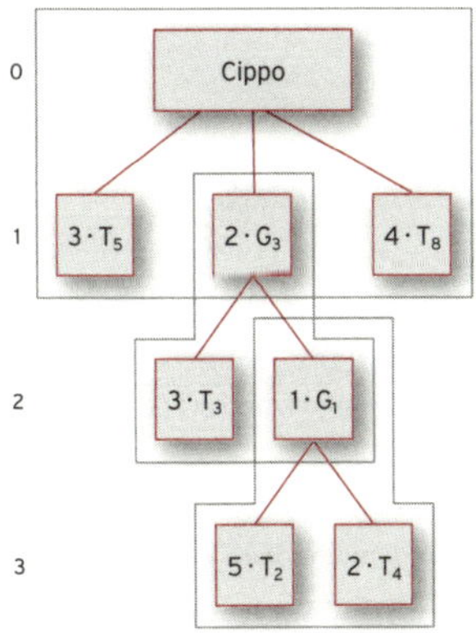

Erzeugnisstruktur mit eingezeichneten „Baukästen"

Erzeugnis Cippo

Bezeichnung	Menge
T_5	3
G_3	2
T_8	4

Baugruppe G_3

Bezeichnung	Menge
T_3	3
G_1	1

Baugruppe G_1

Bezeichnung	Menge
T_2	5
T_4	2

3.3 Optimale Bestellmenge, optimale Bestellhäufigkeit

Optimale/wirtschaftliche Losgröße

$$x_{opt} = \sqrt{\frac{200 \cdot \text{Gesamtbedarfsmenge} \cdot \text{Fixkosten (z.B. Rüstkosten)}}{\text{Herstellkosten je Mengeneinheit (ohne Rüstkosten)} \cdot \text{Zinssatz für Lagerung}}}$$

Tipp! „200" und Zinssatz
Steht unter der Wurzel über dem Bruchstrich „200", muss der Zinssatz unter dem Bruchstrich mit z.B. 12 für 12 % oder 7,8 für 7,8 % eingegeben werden. Wird über dem Bruchstrich auf „2" gekürzt, muss der Zinssatz als Dezimalzahl eingegeben werden, z.B. 0,12 für 12 % oder 0,078 für 7,8 %.

Tabellarische Ermittlung der optimalen Losgröße

Losgröße	Rüstkosten	Lagerkosten	Gesamtkosten	Optimale Losgröße
100 Stück	...€	...€	...€	
200 Stück	...€	...€	...€	
300 Stück	...€	...€	...€	300 Stück
usw.				
Die optimale Losgröße liegt bei der Stückzahl, bei der die Gesamtkosten am niedrigsten sind.				

Optimale Bestellmenge (Andler'sche Formel)

$$x_{opt} = \sqrt{\frac{200 \cdot \text{Gesamtbedarfsmenge} \cdot \text{auftragsfixe Kosten}}{\text{Einstandspreis je Mengeneinheit} \cdot (\text{Lagerkostensatz} + \text{Zinssatz})}}$$

Die auftragsfixen Kosten sind meist Bestellkosten pro Bestellung.

$$\text{Bestellkosten pro Bestellung} = \frac{\text{Summe der Bestellkosten im betrachteten Zeitraum}}{\text{Anzahl der Bestellungen im betrachteten Zeitraum}}$$

Tipp! Muss der einzusetzende Zinssatz erst berechnet werden, da die Kosten in Euro gegeben sind, bildet man das Verhältnis aus Kosten und Warenwert.

Bei Lagerkosten von 10 € pro Stück und einem Warenwert von 50 € pro Stück ergibt sich ein Zinssatz von 20 %.

$$\frac{\text{Lagerkosten}}{\text{Warenwert}} \cdot 100 = \frac{10}{50} \cdot 100 = 20\,\%$$

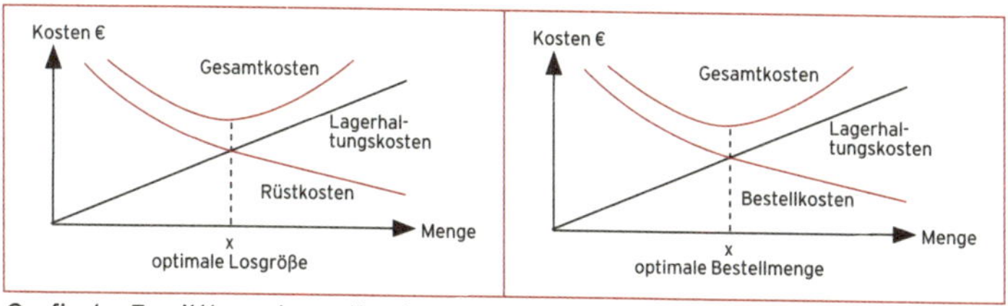

Grafische Ermittlung der optimalen Losgröße und der optimalen Bestellmenge

Optimale Bestellhäufigkeit

$$\frac{\text{Gesamtbedarfsmenge}}{\text{optimale Bestellmenge}} = \frac{\text{4.200 Stück für 9 Monate}}{\text{350 Stück}} = \text{12-mal}$$

Es muss in diesen 9 Monaten (36 Wochen) also alle drei Wochen bestellt werden (Bestellrhythmus).

oder

$$\text{opt. Bestellhäufigkeit} = \sqrt{\frac{\text{Gesamtbedarfsmenge} \cdot \text{Einstandspreis je Mengeneinheit} \cdot \text{Lagerhaltungskostensatz}}{200 \cdot \text{Bestellkosten je Bestellung}}}$$

Bestellrhythmus

$$\text{Bestellrhythmus} = \frac{\text{Produktionsperiode}}{\text{Bestellhäufigkeit}} = \frac{\text{300 Tage}}{\text{25mal}} = \text{12 Tage} \rightarrow \text{es wird alle 12 Tage bestellt}$$

Lagerhaltungskostensatz = Lagerkostensatz + Zinssatz

Lagerkostensatz = Kosten des Lagers

Zinssatz (Marktzins) = Kosten des im Lager gebundenen Vorratskapitals
Kapitalbindungskosten = Zinsen

$$\text{Lagerkostensatz} = \frac{\text{Lagerkosten je Produktionsperiode (ohne Kapitalbindungskosten)}}{\text{durchschnittlicher Wert des Lagerbestandes}} \cdot 100$$

$$\text{Lagerhaltungskostensatz} = \frac{\text{gesamte Lagerkosten pro Zeitraum}}{\text{Warenwert pro Zeitraum}} \cdot 100$$

3.4 Bestandsführung, Endbestand, Wareneinsatz (Rohstoffverbrauch)

Skontrationsmethode	Inventurmethode
Anfangsbestand	Anfangsbestand
+ Zugänge	+ Zugänge
- Abgänge	- Endbestand
= Endbestand	= Verbrauch/Wareneinsatz

Retrograde Methode, Rückrechnung

Sollverbrauch = hergestellte Stückzahl · Sollverbrauchsmenge pro Stück

Sollbestand = Anfangsbestand + Zugänge - Sollverbrauch

Mehr- oder Minderverbrauch = Sollbestand - Istbestand

Istverbrauch = Sollverbrauch ± Mehr-/Minderverbrauch

3.5 Exponentielle Glättung

Exponentielle Glättung erster Ordnung

$V_n = V_a + \alpha (T_i - V_a)$

V_n = neue Vorhersage, V_a = alte Vorhersage, T_i = Ist-Bedarf der vergangenen Periode

T_i = 510 Stück, V_a = 500 Stück, Glättungsfaktor $\alpha = 0{,}4$

$500 + 0{,}4\,(510 - 500) = 504$

Exponentielle Glättung zweiter Ordnung
Bei dieser Methode können Trends eingerechnet werden. Für die Ermittlung des Bedarfs braucht man zwei Punkte auf der Trendgeraden. Der erste Punkt ergibt sich aus der exponentiellen Glättung erster Ordnung. Den zweiten Punkt holt man sich aus der exponentiellen Glättung zweiter Ordnung (doppelt geglätteter Mittelwert). Daraus bildet man den mittleren Vorhersagewert. Dieser ergibt zusammen mit dem Aufstiegsfaktor (Steigung) die Vorhersage für die kommende Periode.

Vorhersagewert für Mai: 200
tatsächlicher Verbrauch: 250, Glättungsfaktor α: 0,2

1. Punkt (Glättung 1. Ordnung)
$200 + 0{,}2\,(250 - 200) = 210$

2. Punkt (Glättung 2. Ordnung)
$200 + 0{,}2\,(210 - 200) = 202$

Mittlerer Vorhersagewert für Juni: $210 + (210 - 202) = 218$

$$\text{Aufstiegsfaktor} = \frac{0{,}2}{1 - 0{,}2}\,(210 - 202) = 2$$

Vorhersage für Juni: 218 + 2 = 220
Vergleich: Vorhersage nach Glättung 1. Ordnung: 210
Vorhersage nach Glättung 2. Ordnung: 220

3.6 Statistik

Preisindex und Mengenindex nach Laspeyres und Paasche (= gewogene Indizes)	
Berichtsperiode = t	Basisperiode = 0
Preis = p	Menge = x

Preisindex nach Laspeyres Die Preise werden mit den Mengen der Basisperiode bewertet. $\frac{\sum p_t \cdot x_0}{\sum p_0 \cdot x_0} \cdot 100$	**Mengenindex nach Laspeyres** Die Mengen werden mit den Preisen der Basisperiode gewichtet. $\frac{\sum x_t \cdot p_0}{\sum x_0 \cdot p_0} \cdot 100$
Preisindex nach Paasche Die Preise werden mit den Mengen der Berichtsperiode bewertet. $\frac{\sum p_t \cdot x_t}{\sum p_0 \cdot x_t} \cdot 100$	**Mengenindex nach Paasche** Die Mengen werden mit den Preisen der Berichtsperiode gewichtet. $\frac{\sum x_t \cdot p_t}{\sum x_0 \cdot p_t} \cdot 100$

Berechnung von Preis- und Mengenindizes nach Laspeyres und Paasche

	Jahr 1		Jahr 2	
Produkt	Preis in €	Menge	Preis in €	Menge
REGU	6,20	22	7,35	21
LA	11,00	8	11,50	10
TOR	15,50	15	15,00	18

Preisindex nach Laspeyres für das Jahr 2 $\frac{7{,}35 \cdot 22 + 11{,}50 \cdot 8 + 15 \cdot 15}{6{,}20 \cdot 22 + 11 \cdot 8 + 15{,}50 \cdot 15} \cdot 100 = 104{,}77$	Mengenindex nach Laspeyres für das Jahr 2 $\frac{21 \cdot 6{,}20 + 10 \cdot 11 + 18 \cdot 15{,}50}{6{,}20 \cdot 22 + 11 \cdot 8 + 15{,}50 \cdot 15} \cdot 100 = 113{,}64$
Preisindex nach Paasche für das Jahr 2 $\frac{7{,}35 \cdot 21 + 11{,}50 \cdot 10 + 15 \cdot 18}{6{,}20 \cdot 21 + 11 \cdot 10 + 15{,}50 \cdot 18} \cdot 100 = 103{,}88$	Mengenindex nach Paasche für das Jahr 2 $\frac{21 \cdot 7{,}35 + 10 \cdot 11{,}50 + 18 \cdot 15}{22 \cdot 7{,}35 + 8 \cdot 11{,}50 + 15 \cdot 15} \cdot 100 = 112{,}67$

Arithmetisches Mittel (ungewogen) (= Mittelwert)

Merkmalsausprägungen = x_i	Anzahl der Beobachtungen (= Häufigkeiten) = n
ungewogenes arithm. Mittel = $\frac{\sum x_i}{n}$	$\frac{3 + 5 + 17 + 8}{4} = 8{,}25$

Arithmetisches Mittel (gewogen) (= Mittelwert)

Merkmalsausprägungen = x_i	Gewichteter Wert = $x_i \cdot n_i$	$\frac{\sum x_i \cdot n_i}{\sum n_i}$ = gew. arith. M.
x	Gewichtung n	x · n
3	4	12
5	2	10
17	1	17
8	9	72
	16	

$$\frac{3 \cdot 4 + 5 \cdot 2 + 17 \cdot 1 + 8 \cdot 9}{16} = 6{,}9375$$

Geometrisches Mittel (ungewogen) (= Mittelwert)	
Merkmalsausprägungen/ Merkmalsbeträge = x_i	Anzahl der Beobachtungen (=Häufigkeiten) = n
ungewog. geom. Mittel $\sqrt[n]{x_1 \cdot x_2 \cdot ... x_n}$	Aus dem Produkt von n Merkmalsbeträgen wird die n-fache Wurzel gezogen.
1. Beispiel Merkmalsbeträge: 3 und 5 $\sqrt[2]{3 \cdot 5} = 3{,}873$	2. Beispiel Merkmalsbeträge: 3, 4, 5 und 6 $\sqrt[4]{3 \cdot 4 \cdot 5 \cdot 6} = 4{,}356$

Geometrisches Mittel (gewogen) (= Mittelwert)		
x 3 5 9 8	Gewichtung n 3 2 1 2 8	$\sqrt[8]{3^3 \cdot 5^2 \cdot 9^1 \cdot 8^2} =$ $\sqrt[8]{388.800} =$ $= 4{,}997$

Median = Zentralwert (= Mittelwert)
Die Werte werden der Größe nach geordnet.
n = gerade Anzahl von Werten Der Median ist das arithmetische Mittel der in der Mitte stehenden Werte. 3 5 7 8 9 12 Median = $\frac{7+8}{2} = 7{,}5$
n = ungerade Anzahl von Werten Der Median ist der in der Mitte stehende Wert. 3 5 7 8 9 12 13 Median = 8

Modalwert = dichtester Wert (= Mittelwert)
Der Modalwert ist die Merkmalsausprägung mit der größten Häufigkeit.
2 3 2 4 9 2 3 5 4 2 Modalwert = 2

Spannweite (= Streuungsmaß)
Die Spannweite ist die Differenz zwischen dem größten und dem kleinsten Wert.
2 3 5 7 9 Die Spannweite beträgt 7. 9 - 2 = 7

Lineare Streuung (= Streuungsmaß)	
Die lineare Streuung ist die Summe der absoluten Differenzen zwischen den Merkmalsausprägungen und dem arithmetischen Mittel dividiert durch die Anzahl der Werte.	
2 4 8 10 12 $\frac{36}{5} = 7{,}2$ = arithmetisches Mittel → $\frac{16{,}8}{5} = 3{,}36$	$\lvert 2 - 7{,}2 \rvert = 5{,}2$ $\lvert 4 - 7{,}2 \rvert = 3{,}2$ $\lvert 8 - 7{,}2 \rvert = 0{,}8$ $\lvert 10 - 7{,}2 \rvert = 2{,}8$ $\lvert 12 - 7{,}2 \rvert = 4{,}8$ ← Summe der Ergebnisse = 16,8

Varianz s^2 = mittlere quadratische Abweichung (= Streuungsmaß)	
Berechnung des Quadrates der Abweichungen zwischen der Merkmalsausprägung und dem Mittelwert Division der Summe der Quadrate durch die Anzahl der Merkmalsausprägungen	
$\lvert 2 - 7{,}2 \rvert = 5{,}2 \cdot 5{,}2 = 27{,}04$ $\lvert 4 - 7{,}2 \rvert = 3{,}2 \cdot 3{,}2 = 10{,}24$ $\lvert 8 - 7{,}2 \rvert = 0{,}8 \cdot 08 = 0{,}64$ $\lvert 10 - 7{,}2 \rvert = 2{,}8 \cdot 2{,}8 = 7{,}84$ $\lvert 12 - 7{,}2 \rvert = 4{,}8 \cdot 4{,}8 = 23{,}04$	Summe der Ergebnisse = 68,8 $68{,}8 : 5 = 13{,}76$

Standardabweichung s (= Streuungsmaß)
Berechnung der positiven Wurzel aus der Varianz
$s = \sqrt{13{,}76} = 3{,}7094473 \approx 3{,}71$

Variationskoeffizient v (= Streuungsmaß)
$v = \frac{\text{Standardabweichung}}{\text{arithmetisches Mittel}}$ $v = \frac{3{,}71}{7{,}2} = 0{,}5152777$ oder in % $v = \frac{3{,}71}{7{,}2} \cdot 100 = 51{,}53\,\%$

Gliederungszahlen (= Verhältniszahlen)
$\frac{\text{Teilmasse } x_1}{\text{Gesamtmasse } x} =$ oder $\frac{\text{Teilmasse } x_1}{\text{Gesamtmasse } x} \cdot 100 =$
Beispiel: Anteil der Auszubildenden an der Belegschaft $\frac{28}{283} \cdot 100 = 9{,}89\,\%$

Beziehungszahlen (= Verhältniszahlen)	
$\frac{\text{Masse X}}{\text{Masse Y}} =$	Werte von Zähler und Nenner müssen sich auf den gleichen Zeitpunkt oder Zeitraum beziehen.
Beispiele: Umsatz pro Mitarbeiter, Kosten pro Stück, Miete pro m^2	

Messzahlen (= Verhältniszahlen)

$\frac{\text{Teilmasse } x_1}{\text{Teilmasse } x_2} =$	Eine Grundgesamtheit wird in zwei Teilgesamtheiten zerlegt und diese werden dann aufeinander bezogen.

Beispiele: Verhältnis von Materialkosten zu Lohnkosten oder von beschäftigten Männern zu Frauen

Messziffern (= Indexzahlen, = Verhältniszahlen)

$\frac{\text{Wert der Berichtsperiode } x_t}{\text{Wert der Basisperiode } x_0}$	Beispiel: $\frac{\text{Umsatz 2010}}{\text{Umsatz 2009}} \cdot 100 = \frac{1.000}{800} \cdot 100 = 125\,\%$

Ungewogene Indizes (= Indexzahlen, = Verhältniszahlen)

Beispiel:

Wie haben sich die durchschnittlichen Umsatzwerte (Mittelwert der Produktgruppen) zum Basisjahr entwickelt?

Der ungewogene Index ist das Verhältnis zweier Mittelwerte. Er setzt voraus, dass die Umsätze der Produktgruppen innerhalb des Gesamtumsatzes das gleiche Gewicht haben.

Produkte	2008	2009	2010
A	300	600	900
B	100	300	400
C	200	200	600

Bildung der Mittelwerte:
2008 : 300 + 100 + 200 = 600 : 3 = 200
2009 : 600 + 300 + 200 = 1.100 : 3 = 366,67
2010 : 900 + 400 + 600 = 1.900 : 3 = 633,33

Der Mittelwert pro Jahr wird anschließend ins Verhältnis zur Basis 2008 gesetzt:

Jahr 2009: $\frac{366{,}67}{200} \cdot 100 = 183{,}34\,\%$ Jahr 2010: $\frac{633{,}33}{200} \cdot 100 = 316{,}67\,\%$

Zeitreihen

Merkmalsausprägungen werden im Zeitverlauf dargestellt. Einflussgrößen sind z.B. Trend, Konjunktur, Saison, Zufälle. Das Ziel sind bereinigte Zeitreihen.

1. Beispiel: 3er-Oberdurchschnitte

Jahr	Gewinn	3er-Oberdurchschnitte
2004 2005 2006	100 105 90	100 + 105 + 90 = 295 : 3 = 98,33
2007 2008 2009	85 100 110	98,33

2. Beispiel: Gleitender 3er-Durchschnitt		
Jahr	Gewinn	Gleitende 3er-Durchschnitte
2005	100	
2006	105	(100 + 105 + 90) : 3 = 98,33
2007	90	(105 + 90 + 85) : 3 = 93,33
2008	85	(90 + 85 + 100) : 3 = 91,67
2009	100	

Mittlere absolute Abweichung vom Mittelwert (MAD)

$MAD = \frac{1}{n} \sum_{i=1}^{n} |T_i - V_i|$ T = tatsächlicher Bedarf V = Vorhersage

Das Streuungsmaß der Normalverteilung ist die Standardabweichung. Häufig wird auch die „mittlere absolute Abweichung" benutzt. Der MAD errechnet sich aus der Summe der absoluten Fehler geteilt durch die Anzahl der Fehler, beispielsweise bei Bedarfsvorhersagen.

Tatsächlicher Bedarf: 500 Vorhersagen: 400, 520, 470	$\frac{|500 - 400| + |500 - 520| + |500 - 470|}{3} = 50$

Allgemein ausgedrückt ist die mittlere absolute (durchschnittliche) Abweichung gleich dem arithmetischen Mittelwert aller Abstände der Daten vom Lage-Maß (meist Median).

$$MAD = \frac{1}{n} \sum_{i=1}^{n} |x_i - \bar{x}_{med}|$$

3.7 Verbrauchsgesteuertes Dispositionsverfahren

Bestellpunktverfahren (Meldebestandsverfahren)

Bei Lagerentnahmen wird geprüft, ob der Meldebestand erreicht bzw. unterschritten wird (Mengensteuerung).

Die Bestellzeitpunkte sind variabel. Die Bestellmengen sind fix.

Meldebestand = Wiederbeschaffungszeit · durchschnittlicher Verbrauch pro Periode + Sicherheitsbestand

Meldebestand = (Wiederbeschaffungszeit + Überprüfungszeit) · Verbrauch pro Periode + Sicherheitsbestand

Die Wiederbeschaffungszeit kann sich z.B. zusammensetzen aus den Zeiten für: Bestellauslösung, Bestellabwicklung, Auftragsannahme, Auftragsbearbeitung, Transport, Materialeingang

Überprüfungszeit: Werden die Materialien angeliefert, müssen sie eventuell noch die Qualitätskontrolle durchlaufen.

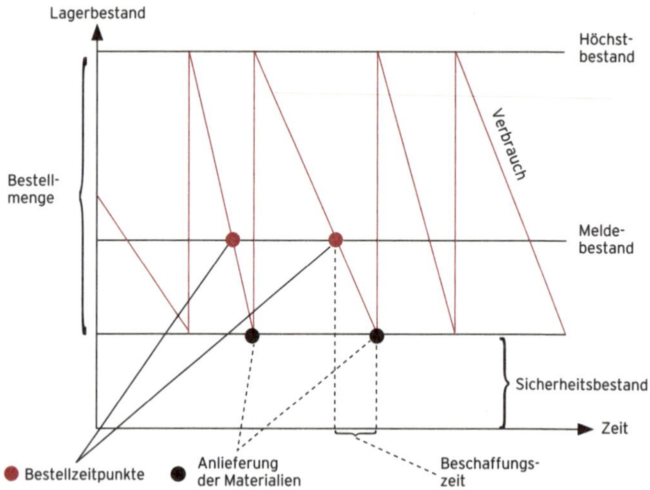

Prinzip des Bestellpunktverfahrens

Bestellrhythmusverfahren

Der Bestand wird regelmäßig überprüft. Es wird maximal auf einen festgelegten Höchstbestand hochgefahren (Terminsteuerung). Als problematisch erweist sich ein unregelmäßiger Verbrauch.

Die Bestellzeitpunkte sind fix. Die Bestellmengen sind variabel.

Höchstbestand = durchschnittl. Verbrauch pro Periode · (Wiederbeschaffungszeit + Überprüfungszeit) + Sicherheitsbestand

Höchstbestand = Einkaufsmenge (Bestellmenge) + Sicherheitsbestand

Meldebestand = (Wiederbeschaffungszeit + Überprüfungszeit) · Verbrauch pro Periode + Sicherheitsbestand

Der Meldebestand wird auch Bestellpunkt genannt.

Ist der Sicherheitsbestand nicht fertig ausgerechnet gegeben, kann er zum Beispiel über die Angabe des Tagesbedarfs und die gewünschte Reichweite in Tagen ermittelt werden. Werden pro Tag 6 Stück verbraucht und der Sicherheitsbestand soll 7 Tage reichen, ergibt sich ein Sicherheitsbestand (eiserner Bestand, eiserne Reserve, Mindestbestand) von 42 Stück.

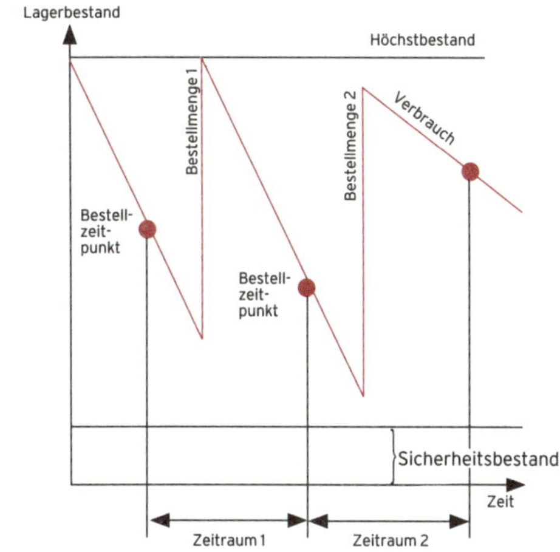

Prinzip des Bestellrhythmusverfahrens

3.8 ABC-Analyse

Die ABC-Analyse kann bei Gütern angewendet werden, bei Tätigkeiten, Lieferanten, Stellplätzen in einem Lager usw. Sie dient der Trennung von Unwichtigem und Wichtigem, dem Vermeiden unwirtschaftlicher Vorgänge, dem Festlegen von Schwerpunkten für Rationalisierungen und der Steigerung der Wirtschaftlichkeit.

Die in der folgenden Tabelle angegebenen Werte dienen nur der Orientierung, da sie sich auch verschieben können.

	Wertanteil	Mengenanteil
A-Teile	70 - 80 %	5 - 10 %
B-Teile	10 - 15 %	10 - 30 %
C-Teile	5 - 10 %	30 - 75 %

Berechnung der jeweiligen Prozentanteile von Mengen und Werten:

Güter	Menge	%-Anteil-Menge	Wert in €	%-Anteil-Wert	A, B oder C
ALL	100 kg	7,14 %	1.150 €	6,22 %	C
WIS	...	...	1.930 €	10,43 %	B
SEN	...	...	5.870 €	31,73 %	A
...	...	...	...	...	
Summe	1.400 kg	100,00 %	18.500 €	100,00 %	

Sortierung nach Reihenfolge der Prozentanteile der Werte und Kumulation:

Güter	%-Anteil-Wert	% kumuliert
SEN	31,73 %	31,73 %
WIS	10,43 %	42,16 %
ALL	6,22 %	48,38 %
...	...	...
...	...	100,00 %

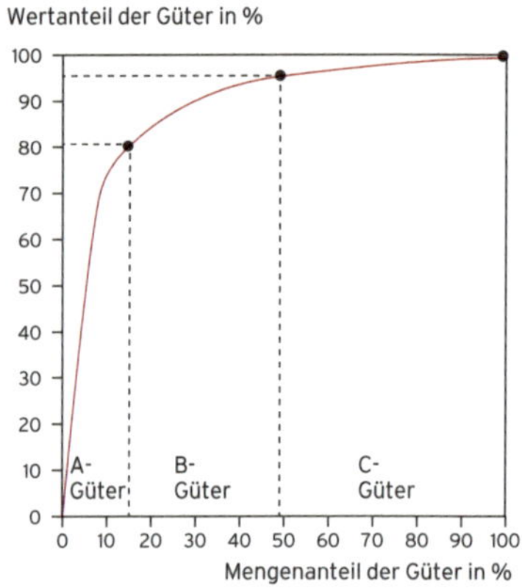

3.9 XYZ-Analyse

Die XYZ-Analyse legt die Kriterien Regelmäßigkeit und Vorhersagegenauigkeit des Bedarfes zugrunde. Die nach der ABC-Analyse gewichteten Materialien ergeben nach ihrer Vorhersagegenauigkeit drei Gruppen.

X-Artikel: geringe Verbrauchsschwankung, gut planbar
Y-Artikel: mittlere Verbrauchsschwankungen, mit mittlerer Qualität planbar
Z-Artikel: hohe Verbrauchsschwankungen, schlecht planbar

	A-Güter	B-Güter	C-Güter
X Hohe Vorhersagegenauigkeit Konstanter Verbrauch	Deterministische Ermittlung Terminbezogene Beschaffung	wie A- oder C-Güter	Stochastische Ermittlung Terminbezogene Beschaffung
Y Mittlere Vorhersagegenauigkeit Steigender/fallender Verbrauch	Deterministische Ermittlung Bestands- und bedarfsbezogene Beschaffung	wie A- oder C-Güter	Stochastische Ermittlung Termin- und/oder bestandsbezogene Beschaffung
Z Niedrige Vorhersagegenauigkeit Unregelmäßiger Verbrauch	Deterministische Ermittlung Bedarfsbezogene Beschaffung	wie A- oder C-Güter	Stochastische/ deterministische Ermittlung Bestandsbezogene Beschaffung

Die deterministische Ermittlung von Bedarfen erfolgt nach Menge und Termin aufgrund von Aufträgen bzw. des Produktionsprogramms.

Die stochastische Methode orientiert sich an den Verbrauchswerten der Vergangenheit und schreibt diese in die Zukunft fort.

3.10 Nutzwertanalyse

Die Nutzwertanalyse dient der Variantenbewertung und Entscheidungsfindung. Es können mehrdimensionale Ziele berücksichtigt und der Zielerreichungsgrad quantifiziert werden. Auch nicht quantifizierbare Faktoren können einbezogen werden.

Vorgehensweise bei der Nutzwertanalyse	
1.	Festlegen der Bewertungskriterien z.B. technische Merkmale wie Bedienungskomfort, Verschleiß usw. oder Zielkriterien wie Kosten, Personalbedarf, Umsetzungszeit usw.
2.	Bestimmung der Gewichtungsfaktoren Die Umsetzungszeit wird z.B. höher gewichtet als der Personalbedarf.
3.	Bestimmung der Variantennutzwerte Die Varianten werden nach den Kriterien „benotet", die Noten mit dem Gewichtungsfaktor multipliziert und pro Variante addiert.
4.	Ermittlung der Hauptvariante bzw. des Hauptnutzwertes

Bewertungskriterium	Gewichtungsfaktor	Variante 1		Variante 2	
		Bewertung		Bewertung	
		Absolut	gewichtet	Absolut	gewichtet
Bedienungskomfort	3	2	6	4	12
Kosten	6	5	30	3	18
Usw.					
Summe der gewichteten Noten (Variantennutzwert)			...		...
Rang			2		1

Tipp! Es ist darauf zu achten, ob die Variante mit der höchsten Summe die beste ist oder diejenige mit der niedrigsten Summe, da die Punktevergabe z.B. von 1 (sehr gut) bis 8 (schlecht) oder auch umgekehrt von 1 (schlecht) bis 8 (sehr gut) erfolgen kann.

3.11 Auftragszeit

Die Auftragszeit zur Fertigung einer Losgröße oder eines Kundenauftrags ist die Summe aus Rüstzeit und Ausführungszeit. Die Rüstzeit ist unabhängig von der zu fertigenden Stückzahl. Tritt eine „Zeitart" nicht auf, lässt man sie einfach weg.

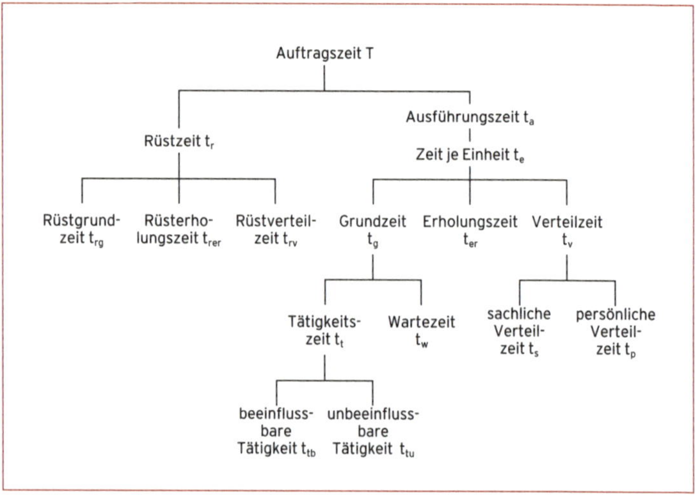

Zusammensetzung der Auftragszeit

Tätigkeitszeit t_t	= beeinflussbare Tätigkeitszeit t_{tb} + unbeeinflussbare Tätigkeitszeit t_{tu}
Grundzeit t_g	= Tätigkeitszeit t_t + Wartezeit t_w Ist die Wartezeit in Prozent angegeben, wird sie von der Tätigkeitszeit berechnet.
Verteilzeit t_v	= sachliche Verteilzeit t_s + persönliche Verteilzeit t_p
Zeit je Einheit t_e	= Grundzeit t_g + Erholungszeit t_{er} + Verteilzeit t_v Sind die Erholungszeit und/oder die Verteilzeit in Prozent angegeben, werden sie jeweils von der Grundzeit berechnet.
Ausführungszeit t_a	= Zeit je Einheit $t_e \cdot$ Stückzahl
Rüstzeit t_r	= Rüstgrundzeit t_{rg} + Rüsterholungszeit t_{rer} + Rüstverteilzeit t_{rv} Sind die Rüsterholungszeit und/oder die Rüstverteilzeit in Prozent angegeben, werden sie jeweils von der Rüstgrundzeit berechnet.
Auftragszeit T	= Rüstzeit t_r + Ausführungszeit t_a

3.12 Belegungszeit, Betriebsmittelbelegungszeit

In der Belegungszeit ist ein Betriebsmittel (Maschine, Transportmittel, Werkzeug, Vorrichtung) durch einen Auftrag belegt.

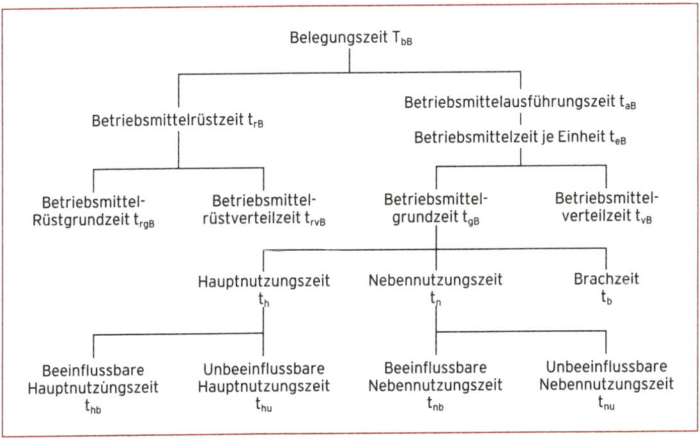

Zusammensetzung der Belegungszeit

Hauptnutzungszeit t_h	= beeinflussbare Hauptnutzungszeit t_{hb} + unbeeinflussbare Hauptnutzungszeit t_{hu}
Nebennutzungszeit t_n	= beeinflussbare Nebennutzungszeit t_{nb} + unbeeinflussbare Nebennutzungszeit t_{nu}
Betriebsmittelgrundzeit t_{gB}	= Hauptnutzungszeit t_h + Nebennutzungszeit t_n + Brachzeit t_b
Betriebsmittelzeit je Einheit t_{eB}	= Betriebsmittelgrundzeit t_{gB} + Betriebsmittelverteilzeit t_{vB}
Betriebsmittelausführungszeit t_{aB}	= Betriebsmittelzeit je Einheit t_{eB} · Stückzahl
Betriebsmittelrüstzeit t_{rB}	= Betriebsmittelrüstgrundzeit t_{rgB} + Betriebsmittelrüstverteilzeit t_{rvB}
Belegungszeit T_{bB}	= Betriebsmittelrüstzeit t_{rB} + Betriebsmittelausführungszeit t_{aB}

Fertigungsgrad

$$= \frac{\text{Fertigungszeiten}}{\text{Fertigungszeiten + Hilfszeiten}} \cdot 100$$

Arbeitsflussgrad

$$= \frac{\text{Summe der Fertigungszeiten}}{\text{Durchlaufzeit}} \cdot 100$$

Rüstzeitgrad

$$= \frac{\text{Rüstzeiten}}{\text{Rüstzeiten + Ausführungszeiten}} \cdot 100$$

Hauptnutzungsgrad

$$= \frac{\text{Hauptnutzungszeit}}{\text{theoretische Einsatzzeit}} \cdot 100$$

Gesamtnutzungsgrad

$$= \frac{\text{Hauptzeiten + Nebennutzungszeiten + Unterbrechungszeiten}}{\text{theoretische Einsatzzeit}} \cdot 100$$

Beschäftigungsgrad $= \frac{\text{Fertigungszeiten + Hilfszeiten}}{\text{theoretische Einsatzzeit}} \cdot 100$	Überwachungsgrad $= \frac{\text{Überwachungszeit}}{\text{Auftragszeit}} \cdot 100$
Theoretische Einsatzzeit für Betriebsmittel = Anzahl Betriebsmittel · Arbeitszeit/Schicht · Schichtzahl/Tag · Tage/Zeitraum	
Soll-Einsatzzeit für Betriebsmittel = Planungsfaktor · theoretische Einsatzzeit	
Soll der Betriebsmittelbedarf für bestimmte Aufträge oder einen Planungszeitraum ausgerechnet werden, kann so vorgegangen werden wie bei der Berechnung des Personalbedarfs (siehe dort).	

3.13 Netzplan

Die Netzplantechnik ist ein Verfahren zur Planung, Steuerung und Kontrolle von komplexen Projekten. In der Vorgangsknotentechnik MPM (Metra Potential Methode) werden üblicherweise folgende Abkürzungen verwendet:

FAZ = frühester Anfangszeitpunkt	FEZ = frühester Endzeitpunkt
SAZ = spätester Anfangszeitpunkt	SEZ = spätester Endzeitpunkt
GPZ = Gesamtpufferzeit	FPZ = freie Pufferzeit
FAZ + Vorgangsdauer = FEZ	SEZ - Vorgangsdauer = SAZ
GPZ = SAZ - FAZ oder SEZ - FEZ	FPZ = FAZ (Nachfolger) - FEZ (Vorgänger)
Startknoten: FAZ = SAZ = 0	Zielknoten: FEZ = SEZ

FAZ und FEZ werden in der Vorwärtsrechnung ermittelt, SAZ und SEZ in der Rückwärtsrechnung. Der kritische Weg verbindet die Vorgänge, bei denen eine zeitliche Änderung den Endtermin verschiebt. Im Netzplan sind es diejenigen Vorgänge, die in Summe die längste Dauer aufweisen.

Vorgangsliste

Vorgangs-nummer	Vorgangs-bezeichnung	Vorgangs-dauer	Vorgänger	Nachfolger
1	Plan lesen	1 Tag		2
2	Gelände abstecken	2 Tage	1	3, 4
usw.				

Möglichkeiten der Darstellung von Vorgangsknoten

Bezeich-nung		
Dauer	Gesamt-puffer:	Freier Puffer:
FAZ		FEZ
SAZ		SEZ

	Vorgangs-nummer	
	Vorgangs-bezeichnung	
früh. Beginn	Vorgangs-dauer	früh. Ende
spät. Beginn	Puffer	spät. Ende

kritischer Weg

4 Absatzwirtschaft und Marketing

Absoluter Marktanteil	$\frac{\text{Unternehmensumsatz}}{\text{Marktvolumen}} \cdot 100 = \frac{200}{800} \cdot 100 = 25\,\%$
Relativer Marktanteil	$\frac{\text{eigener Marktanteil}}{\text{Marktanteil des stärksten Konkurrenten}} \cdot 100 = \frac{25}{40} \cdot 100 = 62{,}5\,\%$ Je näher das Ergebnis bei 100 % liegt, desto geringer ist der Vorsprung des Konkurrenten.
Sättigungsgrad des Marktes	$\frac{\text{Marktvolumen}}{\text{Marktpotenzial}} \cdot 100$ Der Sättigungsgrad gibt einen Hinweis darauf, ob ein Unternehmen auf diesem Markt noch wachsen kann. Je kleiner der Sättigungsgrad, desto mehr könnte ein Unternehmen seinen Anteil steigern.
Kundenstruktur nach Kundengruppen	$\frac{\text{Anzahl der Kunden mit Kriterium „MB"}}{\text{Gesamtzahl der Kunden}} \cdot 100$
Kundenstruktur nach Neukunden	$\frac{\text{Anzahl der Neukunden}}{\text{Gesamtzahl der Kunden}} \cdot 100$
Kundenstruktur nach Umsatz	$\frac{\text{Umsatz der Kunden mit Kriterium „MB"}}{\text{gesamte Umsatzerlöse}} \cdot 100$
Kundenstruktur nach Umsatz der Neukunden	$\frac{\text{Umsatz der Neukunden}}{\text{gesamte Umsatzerlöse}} \cdot 100$

Kundendeckungsbeitrag	Bruttoerlöse - Erlösminderung = Nettoerlöse - variable Herstellungskosten = Kunden-Deckungsbeitrag I - auftragsbezogene variable Vertriebskosten = Kunden-Deckungsbeitrag II - indirekt kundenbezogene variable Vertriebskosten = Kunden-Deckungsbeitrag III - fixe Einzelkosten des Kunden = Kunden-Deckungsbeitrag IV - fixe Einzelkosten der Kundengruppe = Kunden-Deckungsbeitrag V
Kundendeckungsbeitragsanteil	$\frac{\text{Deckungsbeitrag der Kunden mit Kriterium „MB"}}{\text{Gesamtdeckungsbeitrag}} \cdot 100$

Auftragsgröße, durchschnittliche Stückzahl pro Auftrag	$\frac{\text{Absatz in Stück}}{\text{Anzahl der Aufträge}} = \frac{12.000}{1.500}$ = 8 Stück pro Auftrag
Auftragsgröße, durchschnittlicher Umsatz pro Auftrag	$\frac{\text{Umsatz}}{\text{Anzahl der Aufträge}} = \frac{240.000}{1.500} =$ 160 € Umsatz pro Auftrag
Angebotserfolg	$\frac{\text{erteilte Aufträge}}{\text{abgegebene Angebote}} \cdot 100 = \frac{250}{380} \cdot 100 = 65{,}79\,\%$
Auftragsentwicklung	$\frac{\text{aktuelle Auftragseingänge}}{\text{Auftragseingänge des Vergleichszeitraums}} \cdot 100$ Ergibt sich ein Wert über 100 %, hat sich die Auftragslage verbessert.
Auftragseingangsstruktur nach Erzeugnissen	$\frac{\text{Auftragseingang für Produkt „HR"}}{\text{Gesamtauftragseingang}} \cdot 100$ Hier kann die Wirtschaftlichkeit des Sortiments überprüft werden.
Auftragsreichweite	$\frac{\text{Auftragsbestand in €} \cdot \text{360 Tage}}{\text{Umsatz der letzten 12 Monate}} = \frac{10.000\text{ €} \cdot 360\text{ Tage}}{85.000\text{ €}} \cdot 100 = 42{,}35\text{ Tage}$ Der aktuelle Auftragsbestand reicht noch 42 Tage zur Auslastung der Kapazität und gibt einen Hinweis auf die zukünftige Liquidität.
Preisnachlassquote	$\frac{\text{Preisnachlässe}}{\text{Umsatzerlöse}} \cdot 100 = \frac{150.000\text{ €}}{1.200.000\text{ €}} \cdot 100 = 12{,}5\,\%$ Die Quote gibt den Umsatzverlust aufgrund der Preisnachlässe an.
Preisnachlassstruktur	$\frac{\text{Preisnachlass für ...}}{\text{gesamte Preisnachlässe}} \cdot 100$ Die Preisnachlässe können gegliedert werden nach Mängelrügen, Rabatten für Neukunden, Rabatten für die hundertste Bestellung usw.

Exportquote	$\frac{\text{Auslandsumsatz}}{\text{Gesamtumsatz}} \cdot 100$ Die Berechnung kann auch pro Land erfolgen, z.B. der Umsatz in Spanien oder Italien im Verhältnis zum Gesamtumsatz.
Gebietsquote	$\frac{\text{Umsatz in z.B. Bayern}}{\text{Gesamtumsatz in Deutschland}} \cdot 100$

Werbe-intensität	$$\frac{\text{Werbeaufwand}}{\text{Umsatzerlöse}} \cdot 100 = \frac{25.000\ €}{480.000\ €} \cdot 100 = 5{,}21\ \%$$ Hier wird der Anteil des Werbeaufwands an den Umsatzerlösen berechnet.
Werbe-elastizität	$$\frac{\text{prozentuale Umsatzänderung von Zeitraum 1 zu Zeitraum 2}}{\text{prozentuale Werbeaufwandsänderung von Zeitraum 1 zu Zeitraum 2}}$$ Ist das Ergebnis größer 1, ist der Umsatz prozentual mehr gestiegen als der Werbeaufwand. (siehe auch Elastizitäten)
Werbeerfolg	$$\frac{\text{Umsatzzuwachs}}{\text{Werbeaufwendungen}} \cdot 100 = \frac{9.300\ €}{12.000\ €} \cdot 100 = 77{,}5\ \%$$ Nur 77 % der Werbeaufwendungen werden vom Umsatzzuwachs gedeckt. Die Aktion hat sich rein finanziell nicht gelohnt.
Tausender-Nutzer-Preis	$$\frac{\text{Kosten der Anzeige} \cdot \text{Anzahl der Schaltungen} \cdot 1.000}{\text{Nettoreichweite der Schaltungen}} = \frac{1.500\ € \cdot 10 \cdot 1.000}{250.000} = 60\ €$$ Man muss 60 € aufwenden, um 1.000 Nutzer zu erreichen.
Tausender-Kontakt-Preis	$$\frac{\text{Kosten der Anzeige} \cdot \text{Anzahl der Schaltungen} \cdot 1.000}{\text{Nettoreichweite der Schaltungen} \cdot \text{Kontakte pro Nutzer}} = \frac{1.500\ € \cdot 10 \cdot 1.000}{250.000 \cdot 2} = 30\ €$$ Man muss für 1.000 Kontakte zu Lesern 30 € aufwenden.

4.1 Produktlebenszyklus

Der Lebenszyklus eines Produktes wird meist in fünf Phasen eingeteilt von der Einführung am Markt bis zu seinem Verschwinden. Mit Marketingmaßnahmen kann der Abstieg hinausgezögert werden.

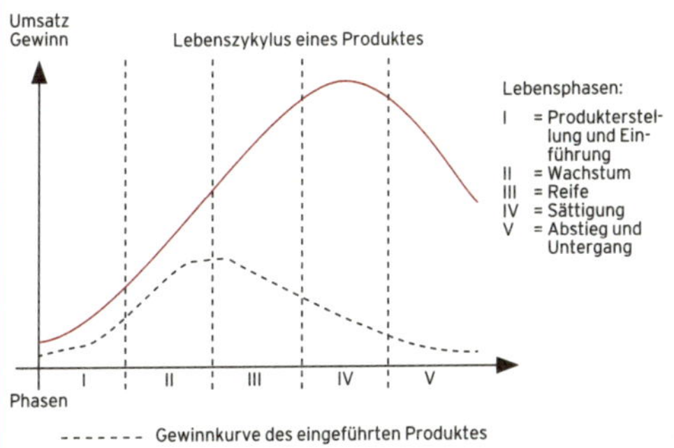

4.2 Portfolio-Analyse, BCG-Matrix, Produkt-Portfolio

Produkte werden in die Vier-Felder-Matrix eingeordnet, um daraus Maßnahmen ableiten zu können.

Cash cows Milchkühe	Die Produkte erwirtschaften hohe Erträge, die beispielsweise zur Förderung der Nachwuchsprodukte verwendet werden können.
Question marks Nachwuchsprodukte	Hier muss man untersuchen, ob sich die Fragezeichen zu Stars entwickeln oder - wenn das nicht der Fall ist - sie aufzugeben sind.
Stars	Stars sollten sich zu cash cows entwickeln.
Poor dogs Problemprodukte	Die „armen Hunde" sind bereits längere Zeit auf dem Markt und erwirtschaften keinen Gewinn mehr. Man kann sie vom Markt nehmen oder überarbeiten (Relaunch, Re-Design, Face-Lifting).

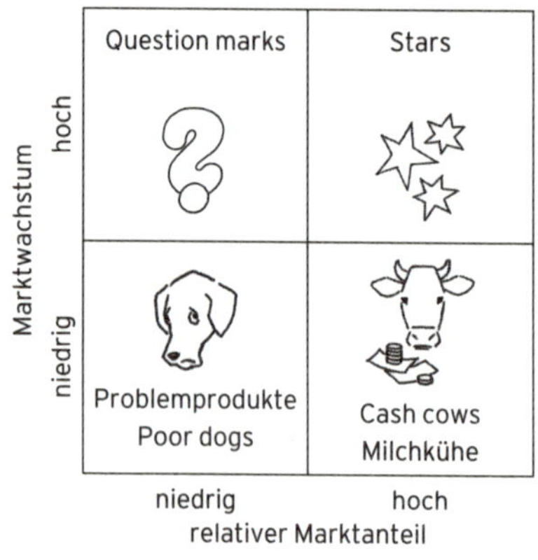

Vier-Felder-Matrix

4.3 Planungsinstrumente im Wettbewerb

Benchmarking

Benchmarking ist ein Instrument der Wettbewerbsanalyse, um die Marktposition eines Unternehmens zu bestimmen und zu verbessern. Das eigene Unternehmen wird anhand verschiedener Kriterien mit dem stärksten Konkurrenten (Best Practice, Best in Class) verglichen, um aus einer anschließenden Analyse Maßnahmen abzuleiten.

Vergleich mit: Firma Soundso									
E = Eigenes Unternehmen S = Soundso									
	Beurteilung								
Kriterien	-4	-3	-2	-1	0	+1	+2	+3	+4
Bekanntheitsgrad			E			S			
Corporate Identity						E		S	
Kundenbindung							E	S	
Marktanteil									
usw.									

Stärken-Schwächen-Analyse

Die Stärken-Schwächen-Analyse beschäftigt sich mit den Potenzialen und Schwachstellen des eigenen Unternehmens und überprüft diese zum Beispiel anhand von Checklisten.

Kriterien	Bewertung				
	Sehr gut	Gut	Mittelmaß	Ausreichend	Ungenügend
Kundenservice			X		
Beschwerdemanagement					X
usw.					

Konkurrentenanalyse

Die Analyse legt die Grundlage für das eigene Vorgehen, um unter anderem das Sortiment festzulegen oder einen Vertriebsweg aufzubauen.

Kriterien	Konkurrenten		
	Meier & Co	Huber & Co	Schmitz & Co
Produkte	Gartengeräte	Gartengeräte, Gartenmöbel	Gartengeräte, Pflanzprodukte
Bekanntheitsgrad	hoch	mittel	mittel
Vertriebsweg			
usw.			

Marktanalyse

Hier werden die Eigenschaften abgegrenzter Märkte oder Marktsegmente aufgrund bestimmer Kriterien untersucht.

Kriterien	Eigenes Unternehmen	Konkurrent Meier	Konkurrent Huber
Marktvolumen	ca. ... Mio. Euro pro Jahr		
Marktwachstum	in diesem Jahr leicht steigend		
Relativer Marktanteil	... %	... %	... %
Preisentwicklung			
usw.			

5 Personalmanagement

5.1 Entlohnung

Zeitlohn Lohnhöhe = Lohnsatz (€/Zeiteinheit) · Arbeitszeit in Zeiteinheiten
Zeitlohn mit Leistungsbewertung Lohnhöhe = Lohnsatz (€/Zeiteinheit) · Arbeitszeit in Zeiteinheiten + Leistungszulage

Leistungsgrad	Zeitgrad
$\text{Leistungsgrad} = \frac{\text{Istleistung}}{\text{Normalleistung}} \cdot 100$ Der Leistungsgrad kann nur auf **beeinflussbare Tätigkeiten** angewendet werden.	$\text{Zeitgrad} = \frac{\text{Sollzeit}}{\text{Istzeit}} \cdot 100$ Zeit ist keine Leistung! Niemals eine Stückzahl einsetzen, wenn Soll- oder Ist**zeit** gefordert wird.

Umrechnung von Leistungsgrad in Zeitgrad

$$\frac{\text{Istleistung}}{\text{Normalleistung}} = \frac{\frac{\text{Ausbringungsmenge}}{\text{Istzeit}}}{\frac{\text{Ausbringungsmenge}}{\text{Sollzeit}}} = \frac{\text{Sollzeit}}{\text{Istzeit}}$$

Die Istzeit entspricht 100 %.

Bei einer **Istzeit** von 8 Minuten und einem Leistungsgrad von 110 % ergibt sich eine Vorgabezeit (Sollzeit) von 8,8 Minuten.

Istzeit	·	Leistungsgrad	=	Vorgabezeit
8 Minuten	·	1,1	=	8,8 Minuten
100 %	·	1,1	=	110 %

Bei einer **Vorgabezeit** (Sollzeit) von 12 Minuten und einem Leistungsgrad von 120 % ergibt sich eine Istzeit von 10 Minuten.

$$\text{Istzeit} = \frac{\text{Vorgabezeit}}{\text{Leistungsgrad}} = \frac{120\,\%}{1{,}2} = 100\,\% = \frac{12\text{ Minuten}}{1{,}2} = 10\text{ Minuten}$$

Akkordlohn, Akkordrichtsatz, Akkordzuschlag, Stückakkord, Geldakkord, Akkordsatz, Zeitakkord, Minutenfaktor, Lohnsumme
Akkordrichtsatz = Mindestlohn + Akkordzuschlag *Stück- bzw. Geldakkord (bestimmter Geldbetrag pro Stück)* $\text{Akkordsatz (€/Stück)} = \frac{\text{Akkordrichtsatz (€/h)}}{\text{Leistungseinheiten bei Normalzeit (Stück/Std.)}}$ Stückakkord (€) = Stückzahl · Stückakkordsatz (€/Stück)

Zeitakkord (bestimmter Geldbetrag pro Zeiteinheit)

Akkordlohn = Leistungsmenge · Minutenfaktor · Vorgabezeit

$$\text{Minutenfaktor (€/min)} = \frac{\text{Akkordrichtsatz (€/Std.)}}{\text{60 (min/Std.)}}$$

Lohnsumme = Auftragszeit (Std.) · Akkordrichtsatz (€/Std.)
Lohnsumme = Auftragszeit (min) · Minutenfaktor (€/min)

Durchschnittsverdienst

$$\text{durchschnittlicher Verdienst (€/Std.)} = \frac{\text{Lohnsumme (€/Monat oder Woche)}}{\text{Istauftragszeit (Std./Monat oder Woche)}}$$

$$\text{durchschnitt. Verdienst (€/Std.)} = \frac{\text{Zeitlohnsumme (€/Zeitraum) + Leistungslohnsumme (€/Zeitraum)}}{\text{gesamte Istarbeitszeit (Std./Zeitraum)}}$$

Lohnnebenkosten, Personalkosten: Sozialversicherungsbeiträge der Arbeitgeber, gesetzliche Unfallversicherung, Vermögensbildung, Entgeltfortzahlung im Krankheitsfall, bezahlte Feiertage, betriebliche Altersversorgung, fest vereinbarte Sonderzahlungen (Weihnachts-, zusätzl. Urlaubsgeld), sonstige Personalzusatzkosten, Urlaub

Lohnnebenkosten werden neben dem Direktentgelt für geleistete Arbeit aufgewendet.

Prämienlohn

Prämienlohn = Grundlohn + Prämie

Ersparnisprämien bzw. Ersparnisgrade

Zeitersparnisgrad = $\frac{\text{vorgegebene Auftragszeit} - \text{verbrauchte Zeit}}{\text{vorgegebene Auftragszeit}} \cdot 100$	Materialersparnisgrad = $\frac{\text{eingesparte Menge}}{\text{Eingabemenge}} \cdot 100$
Nutzungsgrad = $\frac{\Sigma\ \text{Sollzeit aller gefertigten Gutteile}}{\text{Betriebszeit (Schichtzeit)}} \cdot 100$	Stoffausbeutegrad = $\frac{\text{Ausbringungsmenge}}{\text{Eingabemenge}} \cdot 100$

Ersparnisprämie
Berechnung der Prämie über die Ersparnis an Material, Energie usw.
Mai: Materialverbrauch pro 100 Stück = 50 kg
Juni: Materialverbrauch pro 100 Stück = 48 kg

$$\text{Ersparnis} = 100 - \frac{48}{50} \cdot 100 = 100 - 96 = 4\,\%$$

Qualitätsprämien

Gütegrad = $\frac{\text{Anzahl (Gutteile - Ausschussteile)}}{\text{Anzahl Gutteile}} \cdot 100$	Qualitätsgrad = $\frac{\text{Gesamtproduktion} - \text{Ausschuss}}{\text{Gesamtproduktion}} \cdot 100$

Nacharbeitsgrad = $\frac{\text{Anzahl (Gutteile - nachgearb. Teile)}}{\text{Anzahl Gutteile}} \cdot 100$	Ausschussgrad 1 = $\frac{\text{Ausschussmenge}}{\text{Produktionsmenge}} \cdot 100$
Nacharbeitsgrad = $\frac{\text{Nacharbeitszeit}}{\text{Produktionszeit}} \cdot 100$	Ausschussgrad 2 = $\frac{\text{Ausschussmenge}}{\text{Eingabemenge}} \cdot 100$

5.2 Personalbestand, Personalbedarf

Personalbestand

  Aktueller Personalbestand
\+ Personalzugang
\- Personalabgang
= zukünftiger Personalbestand

Personalbedarf

$$\text{Personalbedarf} = \frac{\text{Bearbeitungsmenge pro Monat} \cdot \text{Bearbeitungszeit}}{\text{Durchschnittliche Arbeitszeit pro Monat}} + \text{Verteilzeitfaktor}$$

Personalbedarf
Personalbedarf = $\frac{\text{Zeitbedarf des Auftrags}}{\text{verfügbare Arbeitszeit je Mitarbeiter je Periode}}$
Personalbedarf = $\frac{\text{Rüstzeit + (Ausführungszeit je Bauteil} \cdot \text{Anzahl der Bauteile)}}{\text{Wochenarbeitszeit je Mitarbeiter} \cdot \text{Leistungsgrad}}$
Personalbedarf = $\frac{\text{Bearbeitungsmenge} \cdot \text{Zeitbedarf pro Einheit}}{\text{Arbeitszeit pro Mitarbeiter}}$

Theoretische Einsatzzeit, Solleinsatzzeit, Personalbedarf
Theoretische Einsatzzeit für Mitarbeiter = Anzahl Mitarbeiter · Arbeitszeit · Schichtzahl/Zeitraum
Solleinsatzzeit = theoretische Einsatzzeit · Planungsfaktor
Der **Personalbedarf** bzw. die Mitarbeiterzahl für einen Auftrag oder mehrere Aufträge oder für einen Produktionszeitraum kann unter Anpassung an die jeweilige Aufgabenstellung in folgenden Schritten berechnet werden: • Berechnung des Zeitbedarfs für den Auftrag oder den Produktionszeitraum unter Berücksichtigung von Ausfall- und Störzeiten • Berechnung der Einsatzzeit pro Mitarbeiter unter Berücksichtigung von Ausfallzeiten wie Urlaub oder durchschnittlichen Krankheitszeiten • Die Division der Auftragszeit durch die Einsatzzeit pro Mitarbeiter ergibt den benötigten Personalbedarf

Auftrag 1: (Stück · Min./Stück + Rüstzeit) + Zuschlag für Störzeiten = Zeitbedarf für Auftrag 1

Auftrag 2: (Stück · Min./Stück + Rüstzeit) + Zuschlag für Störzeiten = Zeitbedarf für Auftrag 2

Arbeitstage - Urlaub - Krankheit = Anwesenheitstage · Stunden pro Tag je Mitarbeiter = Einsatzzeit je Mitarbeiter

$$\frac{\text{Zeitbedarf Auftrag 1 + Zeitbedarf Auftrag 2}}{\text{Einsatzzeit je Mitarbeiter}} = \text{Zahl der benötigten Mitarbeiter}$$

Soll der **Betriebsmittelbedarf** errechnet werden, geht man ebenso vor (siehe auch Betriebsmittelbelegungszeit).

Personalbedarf, Maschinenbedarf, Kapazitätsbedarf, Kapazitätsbestand, Auslastungsgrad, Planungsfaktor

Personalbedarf = $\frac{\text{Kapazitätsbedarf}}{\text{Kapazitätsbestand je Mitarbeiter}}$

Maschinenbedarf = $\frac{\text{Kapazitätsbedarf}}{\text{Kapazitätsbestand je Maschine}}$

Der Kapazitätsbedarf ist die Summe der Zeiten aller Arbeitsvorgänge bzw. aller Aufträge.

Kapazitätsbestand der Mitarbeiter:
Kapazitätsbestand = Arbeitszeit pro Schicht · Mitarbeiterzahl
Kapazitätsbestand = Arbeitszeit pro Tag · Mitarbeiterzahl · Anzahl der Tage
Zeitgrad, Ausfallzeiten usw. sind zu berücksichtigen.

Kapazitätsbestand der Betriebsmittel:
Nutzungszeit pro Schicht · Anzahl der Maschinen
Ausfall-, Störzeiten usw. sind zu berücksichtigen.

Reicht die Kapazität zur Erfüllung der Aufträge nicht aus, liegt eine Kapazitätsunterdeckung vor.
Wird die Kapazität nicht voll ausgelastet, spricht man von Überdeckung.

$$\text{Auslastungsgrad} = \frac{\text{Kapazitätsbedarf}}{\text{Kapazitätsbestand}} \cdot 100$$

Planungsfaktor = $\frac{\text{realer Kapazitätsbestand}}{\text{theoretischer Kapazitätsbestand}}$

Realer Kapazitätsbestand =
theoretischer Kapazitätsbestand
\- nicht nutzbare Kapazität

Tipp! Planungsfaktoren, Störfaktoren, Abwesenheitsquoten, Ausfallquoten usw. sind darauf zu beziehen, was in der Aufgabe steht.
Ein Störungsfaktor bezogen auf die Auftragszeit ist auch darauf zu berechnen und nicht auf die Einsatzzeit der Mitarbeiter.
Eine Abwesenheitsquote des Personals erhöht den Personalbedarf und darf nicht der Auftragszeit zugerechnet werden.

Tipp! Eine Produktionssteigerung bezieht sich auf die zu fertigende Menge. Soll die Produktion bei einer monatlichen Erzeugung von 500 Stück um 10 % gesteigert werden, sollen zukünftig 550 Stück gefertigt werden.
Eine Produktivitätssteigerung bezieht sich auf die Leistung pro Mitarbeiter oder Maschine. Fertigt ein Mitarbeiter jetzt 10 Stück pro Stunde, soll er bei einer Produktivitätssteigerung von 10 % zukünftig 11 Stück pro Stunde herstellen.

Personalbedarfsrechnung		
Bruttopersonalbedarf	Nettopersonalbedarf	Zusammenhang von Brutto- und Nettopersonalbedarf
Aktuell bestehende Stellen + neu zu besetzende Stellen - entfallende Stellen + Reservebedarf = Bruttopersonalbedarf	Neubedarf + Ersatzbedarf + Nachholbedarf - Freistellungsbedarf = Nettopersonalbedarf	Bruttopersonalbedarf - aktueller Personalbestand - bekannte Zugänge + bekannte Abgänge = Nettopersonalbedarf

Solltaktzeit Taktzeit	$\text{Solltaktzeit} = \frac{\text{Arbeitszeit je Schicht}}{\text{Sollmenge je Schicht}} \cdot \text{Bandwirkungsfaktor}$
Der Bandwirkungsfaktor berücksichtigt Störungen. Er ist immer kleiner als 1,0. Der Fertigungsvorgang wird bei der Fließfertigung in Teilaufgaben zerlegt. Die Taktzeit bemisst sich nach der längsten benötigten Arbeitszeit einer Teilaufgabe. In der Taktkolonne kommt es aufgrund unterschiedlicher Maschinenarbeitszeiten zu Abstimmungsverlusten.	

5.3 Vermischte Formeln

Durchschnittsalter $\frac{\text{Summe der Lebensalter aller Mitarbeiter}}{\text{Anzahl der Mitarbeiter}}$	Durchschnittliche Betriebszugehörigkeit in Jahren $\frac{\text{Summe der Jahre der Betriebszugehörigkeit}}{\text{Anzahl der Mitarbeiter}}$
Personalbedarf für einen Auftrag $\frac{\text{notwendige Arbeitsstunden}}{\text{Arbeitsstunden pro Mitarbeiter}}$	Bildungsstruktur, Qualifikationsstruktur $\frac{\text{Mitarbeiteranzahl mit bestimmter Qualifikation}}{\text{Anzahl der Mitarbeiter}}$
Anteil der Auszubildenden $\frac{\text{Anzahl der Auszubildenden}}{\text{Anzahl der Mitarbeiter}}$	Bewerber pro offene Stelle $\frac{\text{Anzahl Bewerber}}{\text{Anzahl der offenen Stellen}}$

Fehlzeitenquote $\frac{\text{Fehlzeiten in Tagen oder Stunden}}{\text{Sollarbeitszeit in Tagen oder Stunden}} \cdot 100$	Fluktuationsquote $\frac{\text{Zahl der Austritte im Jahr}}{\text{durchschnittliche Zahl der Mitarbeiter}} \cdot 100$
Frühfluktuationsrate $\frac{\text{aufgelöste Arbeitsverhältnisse im Betrachtungszeitraum}}{\text{Zahl der Einstellungen}} \cdot 100$ Die Frühfluktuationsrate gibt z.B. den Anteil freiwilliger Kündigungen innerhalb der Probezeit oder des ersten Halbjahres an.	Überstundenquote $\frac{\text{Überstunden}}{\text{normale Arbeitsstunden}} \cdot 100$ Eine hohe Überstundenquote wirkt sich negativ auf die Motivation aus und verursacht zusätzliche Kosten.
Durchschnittliche Personalbeschaffungskosten $\frac{\text{Kosten der Personalbeschaffung}}{\text{Zahl der Einstellungen}}$	Ausfallzeit durch Krankheitstage in Prozent $\frac{\text{Ausfalltage wegen Krankheit}}{\text{Zahl der Arbeitstage}} \cdot 100$
Übernahmequote der Auszubildenden $\frac{\text{Zahl der übernommenen Auszubildenden}}{\text{Zahl aller Auszubildenden}} \cdot 100$	Verbesserungsvorschlagsquote $\frac{\text{eingereichte Verbesserungsvorschläge}}{\text{Zahl aller Mitarbeiter}} \cdot 100$
Personalkostenintensität $\frac{\text{Personalkosten}}{\text{Umsatz}} \cdot 100$	Personalkostenintensität $\frac{\text{Personalkosten}}{\text{Gesamtleistung}} \cdot 100$
Abfindungshöhe pro Mitarbeiter $\frac{\text{Summe der Abfindungen}}{\text{Zahl der abgefundenen Mitarbeiter}}$	Pro-Kopf-Umsatz $\frac{\text{Umsatz}}{\text{Zahl der Mitarbeiter}}$
Personalintensität $\frac{\text{Personalaufwand}}{\text{Gesamtaufwand}} \cdot 100$	Vorstellungsquote $\frac{\text{Vorstellungsgespräche}}{\text{Zahl der Bewerbungen}} \cdot 100$
Einstellungsquote $\frac{\text{Einstellungen}}{\text{Zahl der Bewerbungen}} \cdot 100$	Quote der Personaldeckung $\frac{\text{Einstellungen}}{\text{Zahl benötigter Mitarbeiter}} \cdot 100$

Leitungsspanne, Lenkungsspanne, span of control

= zahlenmäßiges Verhältnis von Personen mit Instanzfunktion und der ihnen unmittelbar unterstellten Stellen (5 Vorgesetzte haben 120 unterstellte Mitarbeiter, also im Schnitt 24 Mitarbeiter pro Vorgesetzter)

= Anzahl der einer Leitungsstelle unmittelbar unterstellten Mitarbeiter

Umfang der Leitungsspanne ist abhängig von: Komplexität der Aufgaben, Qualifikation der Mitarbeiter, Führungsstil, Sachmitteleinsatz

5.4 Arbeitsplatzbewertung, Arbeitsbewertung

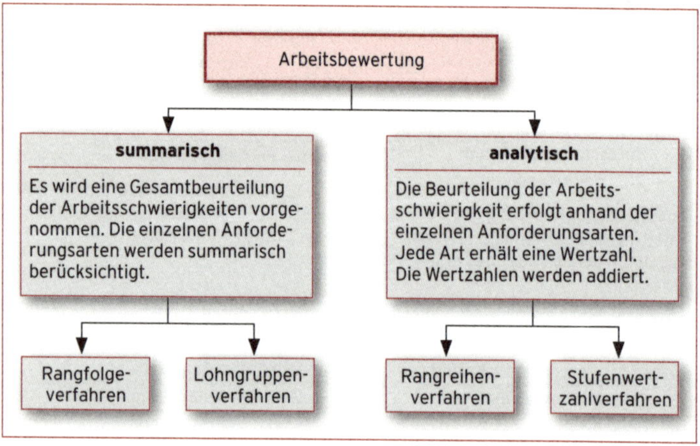

Verfahren der summarischen und analytischen Arbeitsbewertung

5.4.1 Summarische Arbeitsbewertung

Rangfolgeverfahren

Möglichkeit 1:
Die Rangfolge ergibt sich durch Vergleichen der Schwierigkeit der Arbeitsplätze. Jeder Platz wird mit jedem verglichen.

Bote < Hausmeister	Sachbearbeiter > Bote	usw.

Daraus ergibt sich die Rangfolge: Sachbearbeiter, Hausmeister, Bote usw.

Möglichkeit 2:
Ist die Anforderung der Stelle schwieriger, wird ein Plus eingetragen, ist sie leichter, ein Minus.

Stelle	**Vergleichsstelle**	**1**	**2**	**3**	**4**	**Rangfolge**
Sachbearbeiter	1		+	+		
Bote	2	-		-		
Hausmeister	3	-	+			
usw.	4					

Lohngruppenverfahren

Es werden Lohngruppen gebildet, die nach Schwierigkeitsgraden abgestuft sind. Die Beschreibung erfolgt verbal.

Lohngruppe 8	Facharbeiter mit meisterlichem Können	Gruppenleiter
Lohngruppe 6		
Lohngruppe ...		
Lohngruppe 1	Hilfsarbeiter	Berufsfremder ohne Erfahrung

5.4.2 Analytische Arbeitsbewertung

Das Rangreihenverfahren und das Stufenwertzahlverfahren gibt es in verschiedenen Varianten mit getrennter und gebundener Gewichtung. Aus Platzgründen wird hier eine allgemein gängige Vorgehensweise dargestellt.

Ziel der analytischen Arbeitsbewertung: anforderungsgerechte Entlohnung

Bestandteile: verschiedene Anforderungen für jeden Arbeitsplatz, z.B. nach Genfer Schema

Die Anforderungsarten werden gewichtet, einzeln bewertet und zu einem Arbeitswert addiert.

Anforderungsarten nach Genfer Schema	**Gewichtungsfaktor**
Geistige Anforderungen (Fachkenntnisse, geistige Beanspruchung)	10
Körperliche Anforderungen (Geschicklichkeit, Muskelbelastung)	8
Verantwortung (für Sicherheit, Produkte, Arbeitsablauf, Betriebsmittel)	12
Arbeitsbedingungen bzw. Umgebungseinflüsse (Nässe, Lärm, Temperatur, Schmutz)	8

Die Gewichtungsfaktoren müssen von jedem Unternehmen festgelegt werden, ebenso die Bewertungsstufen, z.B.

äußerst gering	0		groß	6
gering	2		sehr groß	8
mittel	4		extrem groß	10

Nun werden die Arbeitsplätze bewertet, die Bewertungsstufen mit der Gewichtung multipliziert und die Ergebnisse zu einem Arbeitswert addiert, der als Grundlage für die Entlohnung dient.

Anforderungsarten	Gewichtung	Bewertung für Arbeitsplatz A	Gewichtung x Bewertung	Bewertung für Arbeitsplatz B	Gewichtung x Bewertung
Geistige Anforderungen	10	4	40	8	80

Körperliche Anforderungen	8	0	0	2	16
Verantwortung	12	2	24	4	48
Arbeitsbedingungen	8	6	48	4	32
Arbeitswert			**112**		**176**

5.5 Arbeitsmethodik

Eisenhower-Prinzip

Aktivitäten werden nach Dringlichkeit und Wichtigkeit in vier Kategorien eingeteilt, wobei Wichtigkeit vor Dringlichkeit geht.

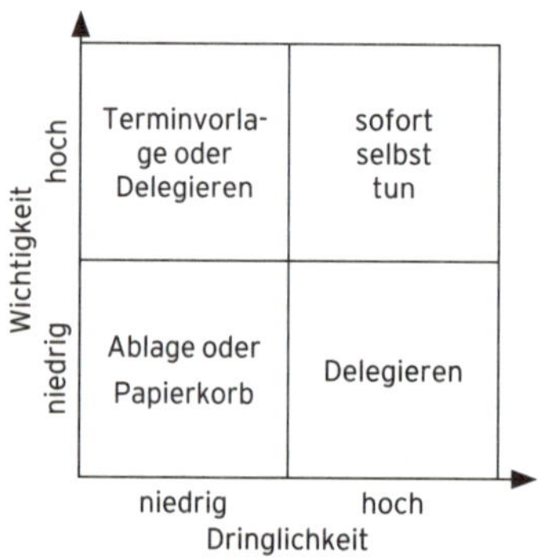

Pareto-Analyse Oft können mit 20 % strategisch eingesetzter Zeit und Energie 80 % des Ergebnisses erreicht werden.	**Nein-Sagen** Ein gewisser Egoismus schafft Zeitreserven. Im konkreten Fall muss man abwägen, was bei „Nein" passiert.
Alpenmethode **A**ufgaben zusammenstellen - **L**änge der Tätigkeiten schätzen - **P**ufferzeiten reservieren - **E**ntscheidungen für Prioritäten treffen - **N**otizen in ein Planungsinstrument übertragen	**Drei-Körbe-System** Eingangskorb, Ausgangskorb, Papierkorb

6 Finanzierung und Investition

6.1 Zinsrechnung

6.1.1 Laufzeitberechnung

Tagesgenau	Monat nach genauen Tagen, Jahr mit 365 Tagen, jeder Tag wird berechnet
Kaufmännisch	Monat mit 30 Tagen (incl. Februar, außer bei Laufzeit bis Ende Februar), Jahr mit 360 Tagen, erster Tag zählt nicht, letzter Tag zählt
Eurozinsmethode	Monat nach genauen Tagen, Jahr mit 360 Tagen, erster Tag zählt nicht, letzter Tag zählt

6.1.2 Zinsformeln

	Jahresformel	Monatsformel	Tagesformel
Zinsen z =	$\frac{K \cdot p \cdot t}{100}$	$\frac{K \cdot p \cdot t}{100 \cdot 12}$	$\frac{K \cdot p \cdot t}{100 \cdot 360}$
Kapital K =	$\frac{z \cdot 100}{p \cdot t}$	$\frac{z \cdot 100 \cdot 12}{p \cdot t}$	$\frac{z \cdot 100 \cdot 360}{p \cdot t}$
Zinssatz p =	$\frac{z \cdot 100}{K \cdot t}$	$\frac{z \cdot 100 \cdot 12}{K \cdot t}$	$\frac{z \cdot 100 \cdot 360}{K \cdot t}$
Zeit t =	$\frac{z \cdot 100}{K \cdot p}$	$\frac{z \cdot 100 \cdot 12}{K \cdot p}$	$\frac{z \cdot 100 \cdot 360}{K \cdot p}$
K = Kapital, p = Zinssatz, z = Zinsen, t = Zeit (Jahr oder Monate oder Tage)			

6.1.3 Effektivzins

$$i_{eff} = \frac{i_{nom} + k_l + \frac{d + k_e}{T}}{100 - d - k_e} \cdot 100$$

i_{eff}	Effektivverzinsung in %
i_{nom}	Nominalverzinsung in %
k_l	laufende Kosten in % des Nennwertes
k_e	einmalige Kosten in % des Nennwertes
d	Disagio in %
T	Laufzeit für die Berechnung

Ermittlung der Laufzeit T für die Berechnung des Effektivzinssatzes		
Tilgung am Ende der Laufzeit	Tilgung in jährlich gleichen Raten	Berücksichtigung tilgungsfreier Jahre
Die angegebene Laufzeit t wird direkt zur Berechnung verwendet.	$T = \frac{t + 1}{2}$ T = Laufzeit für die Berechnung t = angegebene Laufzeit	$T = \frac{t_f + t + 1}{2}$ t_f = tilgungsfreie Jahre

Ist die Laufzeit des Festdarlehens mit z.B. 7 Jahren angegeben, werden diese 7 Jahre auch zur Berechnung des Effektivzinses verwendet.	Bei einer angegebenen Laufzeit von z.B. 7 Jahren, werden 4 Jahre in die Effektivzinsformel eingesetzt. $T = \frac{7+1}{2} = 4$ Jahre	Beispielsweise bei 2 tilgungsfreien Jahren und einer Gesamtlaufzeit von 7 Jahren werden 5 Jahre in die Effektivzinsformel eingesetzt. $T = \frac{2+7+1}{2} = 5$ Jahre

Tipp! Stehen zur Finanzierung mit Fremdkapital zwei Möglichkeiten mit unterschiedlichen Konditionen zur Verfügung, z.B. Darlehen und Schuldverschreibung, und es ist gefragt, bei welcher Laufzeit die Vorteilhaftigkeit wechselt, setzt man die Formeln zur Berechnung des jeweiligen Effektivzinssatzes gleich und löst nach der Laufzeit auf. Erhält man z.B. als Ergebnis 5 Jahre, so ist die Finanzierung bei einer längeren Laufzeit mit der Variante mit den höheren Fixkosten (Einmalkosten, z.B. Disagio) günstiger, da der niedrigere Zins die höheren Fixkosten ausgleicht. Diese Rechnung funktioniert nur dann, wenn die Variante mit den höheren Fixkosten den geringeren Zinssatz aufweist.

Tipp! Zur Berechnung des effektiven Zinssatzes müssen die Kosten nicht unbedingt in Prozent eingesetzt werden. Es können auch direkt die Euro-Beträge verwendet werden.

Darlehenssumme 120.000€, 7,5% Nominalzins, fünf Jahre Laufzeit, Tilgung in jährlich gleichen Raten, 60€ Kontoführungsgebühr/Jahr, 300€ Vertragsabschlussgebühr, Disagio in Höhe von 3.600€	
$i_{eff} = \frac{7{,}5 \cdot 0{,}05 + \frac{3 + 0{,}25}{3}}{100 - 3 - 0{,}25} \cdot 100 = 8{,}92\,\%$	$i_{eff} = \frac{9.000 + 60 + \frac{3.600 + 300}{3}}{120.000 - 3.600 - 300} \cdot 100 = 8{,}92\,\%$
Der Effektivzins drückt alle auftretenden Kosten in einem Prozentsatz aus.	Für i_{nom} berechnet man hier 7,5% von 120.000€. Der Nominalzins dient zur Berechnung der Zinsen.

Effektivverzinsung von Obligationen

$$i_{eff} = \frac{\text{Zinsbetrag} + \frac{\text{Rückzahlungskurs} - \text{Ausgabekurs}}{\text{Laufzeit}}}{\text{Ausgabekurs}} \cdot 100$$

Eine Obligation wird zum Kurs von 96€ gekauft und nach vier Jahren zu 100% zurückgenommen. Die Nominalverzinsung beträgt 6%.	$i_{eff} = \frac{6 + \frac{100 - 96}{4}}{96} \cdot 100 = 7{,}29\,\%$

Tipp! Die Effektivverzinsung ist abhängig vom Zeitpunkt der Tilgung. Bei tilgungsfreien Jahren oder gleichmäßiger Tilgung muss die einzusetzende Laufzeit entsprechend berechnet werden (siehe oben).

Effektivverzinsung bei Verbraucherkrediten

$$\text{Effektivverzinsung} = \frac{\text{Gesamtkosten} \cdot 2.400}{(\text{Laufzeit in Monaten} + 1) \cdot \text{Nettokredit}}$$

Ein Verbraucherkredit in Höhe von 7.000 € wird in 24 gleichen Monatsraten zurückgezahlt. Die Zinsen betragen 0,8 % pro Monat vom Anfangskreditbetrag. Die Bearbeitungsgebühren belaufen sich auf 1,5 % vom Kreditbetrag und die Vermittlungsprovision auf 2,5 % vom Kreditbetrag.

	Kreditbetrag	7.000,00 €	
+	Zinsen (7.000 € · 0,8 % · 24)	1.344,00 €	Gesamtkosten:
+	Bearbeitungsgebühren (1,5 % von 7.000 €)	105,00 €	1.344 + 105 + 175 = 1.624 €
+	Vermittlungsprovision (2,5 % von 7.000 €)	175,00 €	
=	Rückzahlungsbetrag	8.624,00 €	

8.624 € : 24 Monate = 359,33 € Rückzahlung pro Monat

$$\text{Effektivverzinsung} = \frac{1.624 \cdot 2.400}{(24 + 1) \cdot 7.000} = 22{,}27\,\%$$

6.2 Liquidität, statische Liquiditätsgrade, dynamische Liquidität

6.2.1 Statische Liquiditätsgrade

$$\text{Liquidität 1. Grades} = \frac{\text{Zahlungsmittel}}{\text{kurzfristige Verbindlichkeiten}} \cdot 100$$

Liquidität 2. Grades =

$$\frac{\text{Zahlungsmittel} + \text{kurzfrist. Forderungen}}{\text{kurzfristige Verbindlichkeiten}} \cdot 100$$

Liquidität 2. Grades =

$$\frac{\text{kurzfr. Umlaufvermögen}}{\text{kurzfr. Verbindlichkeiten}} \cdot 100$$

$$\text{Liquidität 3. Grades} = \frac{\text{Zahlungsmittel} + \text{kurzfristige Forderungen} + \text{Vorräte}}{\text{kurzfristige Verbindlichkeiten}} \cdot 100$$

Zu den kurzfristigen Verbindlichkeiten zählen z.B.: Verbindlichkeiten aus Lieferungen und Leistungen, kurzfristige/sonstige Rückstellungen, Wechselverbindlichkeiten, bereits verplanter Gewinn, passive Rechnungsabgrenzungsposten, Lohnverbindlichkeiten

Liquidität 2. Grades: mindestens 100 %
Liquidität 3. Grades: wesentlich über 100 %

Working Capital, Working Capital Ratio

Working Capital = Umlaufvermögen - kurzfristige Verbindlichkeiten

Das Working Capital (Netto-Umlaufvermögen) sollte immer positiv sein. Es ist der Teil des Umlaufvermögens, der nicht zur Deckung der kurzfristigen Verbindlichkeiten notwendig ist. Daraus folgt, es kann im Beschaffungs-, Produktions- und Absatzprozess „arbeiten". Ferner ist es ein Maß für die Liquidität und trifft eine ähnliche Aussage wie die Liquidität 3. Grades. Es zeigt den lang- bzw. mittelfristig finanzierten Teil des Umlaufvermögens. Fällt das Working Capital negativ aus, bedeutet dies, dass Umsätze von Lieferanten vorfinanziert werden.

$$\text{Working Capital Ratio} = \frac{\text{Umlaufvermögen}}{\text{kurzfristige Verbindlichkeiten}}$$

Der Quotient wird ebenfalls für die Darstellung der Liquiditätssituation verwendet und spielt bei der Kreditwürdigkeitsprüfung eine wichtige Rolle.

6.2.2 Dynamische Liquidität

$$\text{Liquidität} = \frac{(\text{Zahlungsmittel} + \text{kurzfristige Forderungen} + \text{geschätzte Umsätze}) \cdot 100}{\text{kurzfristige Verbindlichkeiten}}$$

Die dynamische Liquidität ist gesichert, wenn:

	Zahlungsmittelbestand
+	Einnahmen
-	Ausgaben
≥	0

6.3 Rentabilitätskennzahlen

Eigenkapitalrentabilität mit Gewinn $\frac{\text{Gewinn}}{\text{Eigenkapital}} \cdot 100$	Eigenkapitalrentabilität mit Cashflow $\frac{\text{Cashflow}}{\text{Eigenkapital}} \cdot 100$
Eigenkapitalrentabilität = Gesamtkapitalrentabilität + $\frac{\text{FK}}{\text{EK}}$ (Gesamtkapitalrentabilität - Zinssatz für FK) FK = Fremdkapital, EK = Eigenkapital	
Eigenkapitalrentabilität = $\frac{\text{Ergebnis vor Steuern (EBT)}}{\text{Eigenkapital}} \cdot 100$	
Fremdkapitalrentabilität $\frac{\text{Zinsaufwand}}{\text{Fremdkapital}} \cdot 100$	Betriebskapitalrentabilität $\frac{\text{Betriebsergebnis}}{\text{betriebsnotwendiges Kapital}} \cdot 100$
Gesamtkapitalrentabilität $\frac{\text{Gewinn} + \text{Fremdkapitalzinsen}}{\text{Eigenkapital} + \text{Fremdkapital}} \cdot 100$	Gesamtkapitalrentabilität (auch ROI), Cashflow-Rentabilität $\frac{\text{Cashflow}}{\text{Eigenkapital} + \text{Fremdkapital}} \cdot 100$

Gesamtkapitalrentabilität = $\frac{\text{Cashflow + Fremdkapitalzinsen}}{\text{Gesamtkapital}} \cdot 100$	
Gesamtkapitalrentabilität = $\frac{\text{Ergebnis vor Steuern (EBT) + Fremdkapitalzinsen}}{\text{Gesamtkapital}} \cdot 100$	
Umsatzrentabilität/Umsatzrendite $\frac{\text{Gewinn}}{\text{Umsatz}} \cdot 100$	Umsatzrentabilität/Umsatzrendite $\frac{\text{Cashflow}}{\text{Umsatz}} \cdot 100$
Umsatzrentabilität/Umsatzrendite $\frac{\text{Betriebsergebnis}}{\text{Umsatz}} \cdot 100$	Umsatzrentabilität/Umsatzrendite $\frac{\text{Ergebnis vor Steuern (EBT)}}{\text{Umsatz}} \cdot 100$
Return on Investment, ROI $\frac{\text{Jahresüberschuss}}{\text{Eigenkapital + Fremdkapital}} \cdot 100$	ROI Umsatzgewinnrate · Kapitalumschlagshäufigkeit

6.4 Vermischte Formeln

Personalintensität $\frac{\text{Personalaufwand}}{\text{Gesamtaufwand}} \cdot 100$	Abschreibungsintensität $\frac{\text{Abschreibungsaufwand}}{\text{Gesamtaufwand}} \cdot 100$
Herstellungsintensität $\frac{\text{Herstellungskosten}}{\text{Umsatz}} \cdot 100$	Vertriebsintensität $\frac{\text{Vertriebskosten}}{\text{Umsatz}} \cdot 100$
Verwaltungsintensität $\frac{\text{Verwaltungskosten}}{\text{Umsatz}} \cdot 100$	Forschungs- und Entwicklungsintensität $\frac{\text{Forschungs- und Entwicklungskosten}}{\text{Umsatz}} \cdot 100$
Umlaufintensität $\frac{\text{Umlaufvermögen}}{\text{Gesamtvermögen}} \cdot 100$ ***Tipp!*** Bei materialintensiven Unternehmen kann eine hohe Umlaufintensität einen hohen Lagerbestand bedeuten und damit hohe Lagerhaltungskosten.	Vorratsintensität (Man setzt den durchschnittlichen Vorratsbestand ein.) $\frac{\text{Vorräte} \cdot 100}{\text{Umlaufvermögen}}$ oder $\frac{\text{Vorräte} \cdot 100}{\text{Gesamtvermögen}}$ ***Tipp!*** Die Vorratsintensität gibt Aufschluss über das in den Vorräten gebundene Kapital. Eine hohe Intensität wirkt sich negativ aus auf Rentabilität und Liquidität.
Anlagenintensität/Anlageintensität $\frac{\text{Anlagevermögen}}{\text{Gesamtvermögen}} \cdot 100$	Verschuldungsgrad/Verschuldungskoeffizient $\frac{\text{Fremdkapital}}{\text{Eigenkapital}} \cdot 100$
Sachanlagendeckungsgrad $\frac{\text{Eigenkapital + langfristiges Fremdkapital}}{\text{Sachanlagevermögen}} \cdot 100$	Der Deckungsgrad gibt an, welcher Anteil des Sachanlagevermögens durch Eigenkapital und langfristiges Fremdkapital gedeckt ist.

Eigenkapitalanteil, Eigenkapitalquote $\frac{\text{Eigenkapital}}{\text{Gesamtkapital}} \cdot 100$	Rücklagenquote $\frac{\text{Rücklagen}}{\text{Eigenkapital}} \cdot 100$
Selbstfinanzierungsgrad $\frac{\text{Gewinnrücklagen}}{\text{Gesamtkapital}} \cdot 100$	Fremdkapitalquote/Anspannungskoeffizient $\frac{\text{Fremdkapital}}{\text{Gesamtkapital}} \cdot 100$

Ausprägungen des Verschuldungsgrades	
1:1-Regel = $\frac{\text{Fremdkapital}}{\text{Eigenkapital}} \leq 1$	3:1-Regel = $\frac{\text{Fremdkapital}}{\text{Eigenkapital}} \leq 3$
2:1-Regel = $\frac{\text{Fremdkapital}}{\text{Eigenkapital}} \leq 2$	5:1-Regel = $\frac{\text{Fremdkapital}}{\text{Eigenkapital}} \leq 5$
Bankers Rule Eigenkapital : Fremdkapital = 1 : 1	

Goldene Finanzierungsregel/Goldene Bankregel	
Prinzip der Fristenkongruenz, z.B. langfristig gebundene Vermögensgegenstände sollen durch langfristiges Kapital finanziert werden	
$\frac{\text{kurzfristiges Vermögen}}{\text{kurzfristiges Kapital}} \geq 1$	$\frac{\text{langfristiges Vermögen}}{\text{langfristiges Kapital}} \leq 1$

Goldene Bilanzregel	
Deckungsgrad, Anlagendeckung	
Im engeren Sinne: Deckungsgrad A oder Anlagendeckung I $= \frac{\text{Eigenkapital} \cdot 100}{\text{Anlagevermögen}}$	$\frac{\text{Anlagevermögen}}{\text{Eigenkapital}} \leq 1$
Im weiteren Sinne: Deckungsgrad B oder Anlagendeckung II = $\frac{(\text{Eigenkapital} + \text{langfristiges Fremdkapital}) \cdot 100}{\text{Anlagevermögen}}$ $\frac{\text{Anlagevermögen}}{\text{Eigenkapital} + \text{langfristiges Fremdkapital}} \leq 1$	
Im weitesten Sinne: Deckungsgrad C oder Anlagendeckung III = $\frac{(\text{Eigenkapital} + \text{langfristiges Fremdkapital}) \cdot 100}{\text{Anlagevermögen} + \text{langfristig gebundenes Umlaufvermögen}}$ $\frac{\text{Anlagevermögen} + \text{langfristig gebundenes Umlaufvermögen}}{\text{Eigenkapital} + \text{langfristiges Fremdkapital}} \leq 1$	

Kapitalstruktur

$$= \frac{\text{Eigenkapital}}{\text{Fremdkapital}}$$

Vermögensstruktur/ Vermögenskonstitution

$$= \frac{\text{Anlagevermögen}}{\text{Umlaufvermögen}}$$

Umschlagshäufigkeit des Umlaufvermögens

$$\frac{\text{Umsatzerlöse}}{\text{durchschnittl. Lagerbestand des UV}}$$

Umschlagshäufigkeit des Anlagevermögens

$$\frac{\text{Umsatzerlöse}}{\text{Anlagevermögen}}$$

Umschlag/-shäufigkeit der Forderungen
Debitorenumschlagshäufigkeit

$$\frac{\text{Umsatz}}{\text{durchschnittlicher Forderungsbestand}}$$

Umschlag/-shäufigkeit der Rohstoffe

$$\frac{\text{Rohstoffverbrauch}}{\text{durchschnittl. Rohstofflagerbestand}}$$

Durchschnittliche Kreditdauer an Kunden

$$\frac{\text{360 Tage}}{\text{Umschlagshäufigkeit der Forderungen}}$$

Umschlagshäufigkeit des Kapitals

$$\frac{\text{Umsatz}}{\text{durchschnittlicher Kapitaleinsatz}}$$

Kundenziel (Debitorenziel) in Tagen

$$\frac{\text{durchschnittlicher Bestand an Forderungen aus Lieferungen und Leistungen}}{\text{Umsatz}} \cdot 365$$

Je kürzer das Kundenziel ist, desto besser ist es um die eigene Liquidität bestellt.

Lieferantenziel (Kreditorenziel) in Tagen

$$\frac{\text{durchschnittliche Verbindlichkeiten aus Lieferungen und Leistungen}}{\text{Materialeinsatz + Fremdleistungen}} \cdot 365$$

Das Lieferantenziel gibt an, wie lange das Unternehmen braucht, um Lieferantenrechnungen zu bezahlen bzw. wie lange Lieferantenkredite in Anspruch genommen werden.

Vorratshaltung

$$\frac{\text{Vorräte}}{\text{Umsatz}} \cdot 100$$

Umschlagsdauer des Vorratsvermögens

$$\frac{\text{durchschnittl. Bestand an Vorräten}}{\text{Umsatz}} \cdot 365$$

Je kürzer die Umschlagsdauer ist, desto weniger Lagerkosten fallen an.

Anlagenabnutzungsgrad =

$$\frac{\text{kumulierte Abschreibungen a.d. Sachanlagevermögen}}{\text{Sachanlagevermögen zu historischen Anschaffungs - /Herstellungskosten}} \cdot 100$$

Diese Kennzahl weist auf das durchschnittliche Alter des Sachanlagevermögens hin und auf möglichen Re-Investitionsbedarf.

Investitionsquote =

$$\frac{\text{Nettoinvestitionen im Sachanlagevermögen}}{\text{Sachanlagevermögen zu historischen Anschaffungs - /Herstellungskosten}} \cdot 100$$

Die Investitionsquote zeigt die Investitionsneigung.

Abschreibungsquote =

$$\frac{\text{Jahresabschreibungen auf Sachanlagen}}{\text{Sachanlagevermögen zu historischen Anschaffungs - /Herstellungskosten}} \cdot 100$$

Mit der Abschreibungsquote kann die Ertragskraft beurteilt werden, da die Abschreibungen über den Umsatz wieder verdient werden.

Sachanlagenbindung = $\frac{\text{Sachanlagevermögen}}{\text{Umsatzerlöse}} \cdot 100$	Vorratsbindung, Vorrätebindung = $\frac{\text{Vorräte}}{\text{Umsatzerlöse}} \cdot 100$
Erzeugnisbindung = $\frac{\text{Erzeugnisse + Waren}}{\text{Umsatzerlöse}} \cdot 100$	Forderungsbindung = $\frac{\text{Forderungen aus Lieferungen und Leistungen}}{\text{Umsatzerlöse}} \cdot 100$

Tipp! Zur Durchführung einer Investitionsanalyse kann man u.a. folgende Kennzahlen verwenden: Anlageintensität, Vorratshaltung, Vorratsintensität, Abschreibungsquote etc.

Zur Ergebnisanalyse verwendet man beispielsweise Eigenkapitalrentabilität, Gesamtkapitalrentabilität, Umsatzrentabilität usw.

6.5 Kapitalbedarfsermittlung

6.5.1 Finanzplan

Ausgaben	Finanzmittelbestand am Monatsanfang
- Einnahmen	+ Summe Einnahmen
- Finanzmittelbestand	- Summe Ausgaben
= Kapitalbedarf	= Finanzmittelbestand am Monatsende

	Mai	Juni	Juli
Finanzmittelbestand am Monatsanfang	...€	...€	...€
Einnahmen:			
Umsatzerlöse			
Sonstige Erlöse			
Summe Einnahmen	...€	...€	...€
Ausgaben:			
Werkstoffe			
Personal			
Werbung			
Usw.			
Summe Ausgaben	...€	...€	...€
Finanzmittelbestand am Monatsende	...€	...€	...€

6.5.2 Kapitalbedarf für das Anlagevermögen und das Umlaufvermögen

Anlagevermögen

Grundstücke	...€
Verwaltungsgebäude und Lager	...€
Maschinen	...€
Fahrzeuge	...€
Betriebsausstattung	...€
Eiserne Bestände an Vorräten und Waren	...€
Gründungsaufwendungen	...€
Kapitalbedarf Anlagevermögen	...€

Umlaufvermögen

Überschlagsrechnung
Kapitalbedarf = durchschnittliche Ausgaben pro Tag · Vorfinanzierungsdauer in Tagen

Durchschnittliche Ausgaben pro Tag: Material- und Fertigungskosten

Zeitabschnitte der Vorfinanzierung:
- durchschnittliche Lagerdauer der Werk-/Rohstoffe
- durchschnittliche Produktionszeit
- durchschnittliche Lagerdauer der Fertigerzeugnisse
- Zeitbedarf für Fakturierung (Rechnungsstellung)
- durchschnittliches Kundenziel (Debitorenziel)

Riegersche Formel
Kapitalbedarf = arbeitstägliche Ausgaben · durchschnittliche Kapitalgebundenheit

Grundsätzliches:
- Ein Lieferantenziel ist von der Vorfinanzierungsdauer der Werkstoffe abzuziehen.
- Fertigungslöhne werden ab Produktionsbeginn gerechnet.
- Undifferenzierte Gemeinkosten beziehen sich auf den gesamten Zeitraum.

Differenzierung der Gemeinkosten:
- Materialgemeinkosten werden entweder über den gesamten Zeitraum gerechnet ohne Abzug des Lieferantenziels oder über den gleichen Zeitraum wie die Materialeinzelkosten mit Berücksichtigung des Lieferantenziels. Die Berechnung erfolgt häufig in Prozent des Fertigungsmaterials.
- Fertigungsgemeinkosten haben die gleiche Kapitalbindungsdauer wie die Fertigungslöhne.
- Verwaltungs- und Vertriebsgemeinkosten werden auf Basis der Herstellkosten berechnet. Meist erfolgt die Ermittlung in Prozent der Herstellkosten (siehe nächste Seite).

	Fertigungsmaterial
+	Materialgemeinkosten
+	Fertigungslöhne
+	Fertigungsgemeinkosten
=	Herstellkosten
+	x % Verwaltungs- und Vertriebsgemeinkostenzuschlag
=	Kapitalbedarf für das Umlaufvermögen

- Bei den Gemeinkosten darf nur mit dem ausgabenwirksamen Teil kalkuliert werden.

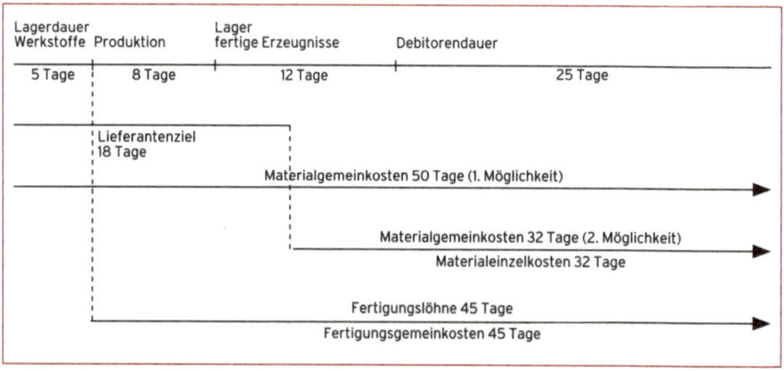

Zeitstrahl zur Berechnung der Kapitalbindungsdauer

6.6 Gewinn- und Verlustrechnung (Ergebnisanalyse)

	Umsatzerlöse
+/-	Bestandsveränderungen (+ Bestandsmehrung, - Bestandsminderung)
+	aktivierte Eigenleistungen
+	Sonstige betriebliche Erträge
-	Materialaufwand
=	Rohergebnis
-	Personalaufwand
-	Abschreibungen
-	sonstige betriebliche Aufwendungen
=	Betriebsergebnis
+	Erträge aus Beteiligungen
+	Erträge aus Wertpapieren
-	sonstige Zinsen
-	Abschreibungen
-	Zinsen
=	Ergebnis aus der gewöhnlichen Geschäftstätigkeit (Finanzergebnis)
+	außerordentliche Erträge
-	außerordentliche Aufwendungen
=	außerordentliches Ergebnis

- Steuern vom Einkommen und vom Ertrag
- sonstige Steuern

= Jahresüberschuss/Jahresfehlbetrag
Gesamtergebnis nach Steuern

6.7 Abschreibung

Bei der Auswahl der Abschreibungsart und deren Gültigkeit im Handels- und Steuerrecht ist jeweils die aktuelle Gesetzeslage zu berücksichtigen. Hier werden diverse Varianten der Abschreibung vorgestellt, auch wenn sie momentan in der Praxis keine Anwendung finden. Die gesetzlichen Vorschriften können sich jedoch jederzeit wieder ändern.

6.7.1 Lineare Abschreibung

$$\text{Abschreibungsbetrag} = \frac{\text{Anschaffungkosten}}{\text{Nutzungsdauer}}$$

$$\text{Abschreibungssatz in \%} = \frac{100}{\text{Nutzungsdauer}}$$

AfA = Absetzung für Abnutzung

Der Wechsel von der degressiven auf die lineare Abschreibung ist erlaubt.

6.7.2 Degressive Abschreibung

Der degressive Abschreibungssatz beträgt das Doppelte des linearen Satzes, maximal 20%.

Der degressive Abschreibungssatz beträgt das Zweieinhalbfache des linearen Satzes, maximal 25%.

Der degressive Abschreibungssatz beträgt das Dreifache des linearen Satzes, maximal 30%.

Je nach Gesetzeslage ist die entsprechende Variante anzuwenden.

Wechsel von der degressiven auf die lineare Abschreibung

Möchte man von der degressiven auf die lineare Abschreibung wechseln, ist das in dem Jahr sinnvoll, in dem der lineare Abschreibungsbetrag gleich oder größer als der degressive Abschreibungsbetrag ist. Die Formel ermittelt das Jahr, in dem der Betrag der degressiven Abschreibung gleich dem linearen Betrag ist.

$$\text{Übergangsjahr} = \text{Nutzungsdauer} - \frac{100}{\text{degressiver AfA-Satz}} + 1$$

$$\text{Übergangsjahr} = 8 \text{ Jahre} - \frac{100}{20} + 1 = \text{viertes Jahr}$$

Buchwert, Restwert, zeitanteilige Abschreibung

Anschaffungs-/Herstellungskosten - Abschreibung = Buchwert/Restwert/Restbuchwert	Wird ein Vermögensgegenstand während des Jahres gekauft, wird in diesem Jahr monatsgenau abgeschrieben.
Abschreibungsbetrag pro Jahr = $\frac{\text{Anschaffungs-/Herstellungskosten}}{\text{Nutzungsdauer}}$	Zeitanteiliger Abschreibungsbetrag = $\frac{\text{AfA-Betrag pro Jahr} \cdot \text{Monate}}{\text{12 Monate pro Jahr}}$

Ein zu berücksichtigender Restwert ist von den Anschaffungs- /Herstellungskosten abzuziehen.

Lineare Abschreibung mit außerplanmäßiger Abschreibung

Außerplanmäßige Abschreibungen berücksichtigen außerplanmäßige Wertminderungen, z.B. aufgrund eines Schadens. Im Schadensjahr muss neben der planmäßigen Abschreibung auch eine außerplanmäßige Abschreibung auf den aktuellen Wert vorgenommen werden. Eventuell müssen die restlichen Abschreibungsbeträge an eine verkürzte Restlaufzeit angeglichen werden.

		Beträge in€	
	Anschaffungskosten	80.000	8 Jahre Nutzungsdauer
1. Jahr	AfA	10.000	
	Restwert	70.000	
2. Jahr	AfA	10.000	
	Restwert	60.000	
3. Jahr	planmäßige AfA	10.000	Aufgrund eines Schadens ist die Maschine nur noch 30.000€ wert. Die Restnutzungsdauer wird auf zwei Jahre geschätzt. Der AfA-Betrag im 4. und 5. Jahr ergibt sich aus der Division des Restwertes in Höhe von 30.000€ durch die letzten zwei Nutzungsjahre.
	außerplanmäßige AfA	20.000	
	Restwert	30.000	
4. Jahr	AfA	15.000	
	Restwert	15.000	
5. Jahr	AfA	14.999	
	Erinnerungswert	0/1€	

6.7.3 Leistungsbezogene Abschreibung

$$\frac{\text{Anschaffungskosten} \cdot \text{Jahresleistung}}{\text{geschätzte Gesamtleistung}} = \text{Abschreibungsbetrag pro Jahr}$$

$$\frac{\text{Anschaffungskosten}}{\text{geschätzte Gesamtleistung}} = \text{Abschreibungsbetrag pro Leistungseinheit}$$

Abschreibungsbetrag im 1. Jahr:
Abschreibungsbetrag pro Leistungseinheit · tatsächliche Leistung
usw.

Je nach Art des abzuschreibenden Vermögensgegenstandes kann die Leistung in Stunden, Liter, Stück, Kilometer usw. angegeben sein.

Ein Lkw wird für netto 96.000€ erworben. Seine Laufleistung wird auf 800.000 km geschätzt. Im ersten Jahr fährt er laut Fahrtenbuch 250.000 km, im zweiten Jahr 210.000 km.

$$\frac{96.000\ €}{800.000\ \text{km}} = 0{,}12\ €/\text{km}$$

Abschreibungsbetrag im 1. Jahr: 250.000 km · 0,12€/km = 30.000€
Abschreibungsbetrag im 2. Jahr: 210.000 km · 0,12€/km = 25.200€ usw.

Die Berechnung der Abschreibung wird auf diese Weise fortgesetzt, bis die 800.000 km bzw. die 96.000€ erreicht sind.

6.7.4 Geometrisch-degressive Abschreibung

Der Werteverzehr wird ungleichmäßig auf die Nutzungsjahre verteilt. In den ersten Jahren erfolgt eine höhere Abschreibung als in den letzten. Die jährlichen Abschreibungsbeträge werden immer kleiner. Es wird mit dem gleichen Prozentsatz abgeschrieben, jedoch immer vom Restwert bzw. Buchwert.

Berechnung des Abschreibungssatzes in %:

$$\text{Abschreibungssatz in \%} = 100 \cdot \left(1 - \sqrt[n]{\frac{\text{Restwert in €}}{\text{Anschaffungs - bzw. Herstellungkosten}}}\right)$$

Geschätzte Nutzungsdauer = n

Berechnung ohne Restwert

Die Anschaffungskosten einer Maschine belaufen sich auf 80.000 €. Die Nutzungsdauer wird mit 8 Jahren angesetzt.
Die lineare Abschreibung beläuft sich auf 12,5 % (100 % : 8 Jahre = 12,5 % pro Jahr).
Die degressive Abschreibung wird mit 20 % angesetzt (12,5 % · 2 = 25 %, max. 20 %).

Aktuelle Gesetzeslage beachten!

		Beträge in€			
	AK	80.000			
1. Jahr	AfA	16.000			
	Restwert	64.000			
2. Jahr	AfA	12.800			
	Restwert	51.200	Umstellung auf lineare AfA nach dem 3. Jahr → noch 5 Restjahre		
3. Jahr	AfA	10.240			
	Restwert	40.960	: 5 Restjahre	= 8.192€ lineare AfA/Jahr	
4. Jahr	AfA	8.192		8.192	
	Restwert	32.768		32.768	
5. Jahr	AfA	6.553,60		8.192	
	Restwert	26.214,40		24.576	
6. Jahr	AfA	5.242,88		8.192	
	Restwert	20.971,52		16.384	
7. Jahr	AfA	4.194,30		8.192	
	Restwert	16.777,22		8.192	
8. Jahr	AfA	16.776,22		8.191	
	Erinnerungswert	1€		1€	

Tipp! Die Umstellung von der degressiven auf die lineare Abschreibung erfolgt sinnvollerweise, wenn die folgenden linearen Abschreibungsbeträge gleich oder größer sind als die weiteren degressiven Abschreibungsbeträge.

Berechnung mit Restwert

Die Anschaffungskosten einer Maschine belaufen sich auf 80.000 €. Der Restwert wird auf 5.000 € geschätzt. Die Nutzungsdauer wird mit 8 Jahren angesetzt. Daraus ergibt sich ein Abschreibungsprozentsatz von 29,289 %.

$$100 \cdot \left(1 - \sqrt[8]{\frac{5.000}{80.000}}\right) = 29{,}289\,\%$$ Aktuelle Gesetzeslage beachten!

29,289 % von 80.000 € = 23.431,20 €

29,289 % von 56.568,80 € = 16.568,44 €

Jahr	Abschreibung in €	Restwert in €
0	-	80.000,00
1	23.431,20	56.568,80
2	16.568,44	40.000,36
3	11.715,71	28.284,65
4	8.284,29	20.000,36
5	5.857,91	14.142,45
6	4.142,18	10.000,27
7	2.928,98	7.071,29
8	2.071,11	5.000,18

6.7.5 Finanzierung aus Abschreibung

Da die Abschreibung in den Verkaufspreis eingerechnet wird, fließt sie durch Verkäufe als Bargeld in das Unternehmen zurück (Abschreibungsrückflüsse). Damit können zum Beispiel neue Maschinen oder Fahrzeuge gekauft und die alten Vermögensgegenstände ersetzt werden. Kann eine zusätzliche Maschine angeschafft werden, liegt eine Erweiterungsinvestition vor.

Ein Unternehmer erwirbt jedes Jahr eine Maschine im Wert von 10.000 € und schreibt sie auf fünf Jahre ab. Konstante Preise werden vorausgesetzt.					
Jahr	**1**	**2**	**3**	**4**	**5**
Abschreibung 1. Maschine	2.000 €	2.000 €	2.000 €	2.000 €	2.000 €
Abschreibung 2. Maschine		2.000 €	2.000 €	2.000 €	2.000 €
Abschreibung 3. Maschine			2.000 €	2.000 €	2.000 €
Abschreibung 4. Maschine				2.000 €	2.000 €
Abschreibung 5. Maschine					2.000 €
Kumulierte Abschreibungen	2.000 €	6.000 €	12.000 €	20.000 €	30.000 €

Der Unternehmer könnte zu Beginn des vierten Jahres von den Abschreibungsrückflüssen die sechste Maschine kaufen, die wiederum jedes Jahr mit 2.000€ abgeschrieben wird. Es ergäbe sich daraus eine kumulierte Abschreibung im vierten Jahr in Höhe von 12.000€: 20.000€ - 10.000€ Kaufpreis + 2.000€ Abschreibung der sechsten Maschine = 12.000€

Tipp! Kapazitätserweiterungseffekt = Neuinvestition = Lohmann-Ruchti-Effekt = Vergrößerung des Maschinenparks

Kapazitätserweiterungsfaktor n = Nutzungsdauer $\frac{2 \cdot n}{n+1} = \frac{2}{1+\frac{1}{n}}$ n = Nutzungsdauer	Gesamtkapazität durch Kapazitätserweiterungseffekt Maximale Gesamtkapazität = Ausgangskapazität · Kapazitätserweiterungsfaktor
Es werden 10 Maschinen gekauft mit einer Nutzungsdauer von 4 Jahren. $\frac{2 \cdot 4}{4+1} = \frac{2}{1+\frac{1}{4}} = 1{,}6$ maximale Gesamtkapazität = 10 Maschinen · 1,6 = 16 Maschinen Der Kapazitätserweiterungseffekt ist umso größer, je länger die Nutzungsdauer ist. Es ist jedoch zu beachten, dass die Produkte auch abgesetzt werden können.	

6.8 Aktien

Gezeichnetes Kapital, Grundkapital, Nominalkapital, Nennwert, Agio, Kapitalrücklage, Dividende, Liquiditätszufluss
Gezeichnetes Kapital = Grundkapital = Nominalkapital Dividende: Berechnung vom Grundkapital bzw. Nennwert, z.B. 10 % von 50€ Nennwert Nennwert + Agio = Ausgabekurs Anzahl der Aktien · Nennwert = Grundkapital bei Gründung bzw. Erhöhung des Grundkapitals durch Ausgabe junger Aktien Anzahl der Aktien · Agio = Kapitalrücklage bei Gründung bzw. Erhöhung der Kapitalrücklage durch Ausgabe junger Aktien Liquiditätszufluss bei Ausgabe junger Aktien = Zahl der jungen Aktien · Ausgabekurs

Bezugsverhältnis, Durchschnittskurs, Mittelkurs, Bezugsrecht, Bilanzkurs, korrigierter Bilanzkurs, Bezugskurs/Ausgabekurs, Kurs-Gewinn-Verhältnis, Dividendenrendite, Ertragswert, Ertragswertkurs, Gewinn pro Aktie

$$\text{Bezugsverhältnis} = \frac{\text{Zahl der alten Aktien (a)}}{\text{Zahl der jungen Aktien (n)}} = \frac{\text{Grundkapital}}{\text{Erhöhung des Grundkapitals}}$$

$$\text{Durchschnittskurs} = \frac{\text{Kurs alte Aktien} \cdot \text{Anzahl} + \text{Kurs junge Aktien} \cdot \text{Anzahl}}{\text{Anzahl alte Aktien} + \text{Anzahl junge Aktien}} = \frac{K_a \cdot a + K_n \cdot n}{a + n}$$

$$\text{Durchschnitts- bzw. Mittelkurs} = \frac{\text{bisheriges Aktienkapital} + \text{Kapitalerhöhung}}{\text{Anzahl alte Aktien} + \text{Anzahl junge Aktien}}$$

Bezugsrecht = Kurs alte Aktien - Durchschnittskurs

$$\text{Bezugsrecht} = \frac{K_a - K_n}{\frac{a}{n} + 1} \qquad \text{Bezugsrecht} = \frac{K_a - (K_n + \text{Dividendennachteil})}{\frac{a}{n} + 1}$$

Dividendennachteil:
Es werden junge Aktien ausgegeben. Diese sind erst ab 01. April dividendenberechtigt. Beläuft sich die Dividende auf 24€, entfallen auf die jungen Aktien je nur 18€ von April bis Dezember.
24€ für 12 Monate → 18€ für 9 Monate → Dividendennachteil von 6€

$$\text{Bilanzkurs} = \frac{\text{gezeichnetes Kapital} + \text{offene Rücklagen}}{\text{gezeichnetes Kapital (Grundkapital)}} \cdot 100$$

$$\text{Bilanzkurs} = \frac{\text{Eigenkapital} \cdot \text{rechnerischer Nennwert pro Aktie}}{\text{gezeichnetes Kapital}}$$

$$\text{korrigierter Bilanzkurs} = \frac{\text{gezeichnetes Kapital} + \text{offene Rücklagen} + \text{stille Rücklagen}}{\text{gezeichnetes Kapital (Grundkapital)}} \cdot 100$$

	Bilanzkurs als Berechnungsgrundlage
+	Zuschlag für stille Reserven
+/-	Feineinstellung
=	Bezugskurs für junge Aktien

$$\text{Bezugskurs/Ausgabekurs} = \frac{\text{Investitionsvolumen (gewünschter Geldzufluss)}}{\text{Zahl der jungen Aktien}}$$

Kurs-Gewinn-Verhältnis

$$\frac{\text{Börsenkurs}}{\text{Gewinn je Aktie}}$$

Die Kennzahl gibt an, wie oft der Gewinn im Aktienkurs enthalten ist bzw. mit welchem Vielfachen des Jahresgewinns eine Aktie an der Börse gehandelt wird.

Dividendenrendite

$$\frac{\text{Dividende je Aktie}}{\text{Börsenkurs}} \cdot 100$$

Hier wird die effektive Verzinsung des in Aktien angelegten Kapitals in Prozent berechnet.

Gewinn pro Aktie

$$\frac{\text{Jahresüberschuss}}{\text{Zahl der Aktien}}$$

Gewinn pro Aktie

$$\frac{\text{Jahresüberschuss}}{\text{gez. Kapital} : \text{Nennwert pro Aktie}}$$

Ertragswert = auf t_0 abgezinster Reinertrag Reinertrag = jährliche Überschüsse + Liquidationserlös	Ertragswertkurs $\frac{\text{Ertragswert}}{\text{Grundkapital}} \cdot 100$
Eine AG erwirtschaftet sechs Jahre lang Überschüsse, dann wird das Unternehmen verkauft. Der Kalkulationszinsfuß wird mit ... % angesetzt. Ertragswert = abgezinste Überschüsse + abgezinster Liquidationserlös $\text{Ertragswertkurs} = \frac{\text{Ertragswert}}{\text{Grundkapital}} \cdot 100 = \frac{270\text{ Mio. €}}{150\text{ Mio. €}} \cdot 100 = 180\,\%$	

Berechnung der Zahl der jungen Aktien

Beispiel:

10 Mio. € Grundkapital, 50 € Nennwert, Ausgabeverhältnis 5:1

10 Mio. € : x € = 5 : 1 → junge Aktien für 2 Mio. € Nennwert
2 Mio. € : 50 € Nennwert = 40.000 junge Aktien

10 Mio. € gezeichnetes Kapital : 50 € Nennwert = 200.000 alte Aktien
5 : 1 = 200.000 alte Aktien : 40.000 junge Aktien

Eigenkapital der **AG** in der Handelsbilanz	**Eigenkapital** der **GmbH** in der Handelsbilanz
Gezeichnetes Kapital	Gezeichnetes Kapital
Kapitalrücklage	Kapitalrücklage
Gewinnrücklage	Gewinnrücklagen
Gesetzliche Rücklage Rücklage für eigene Anteile Satzungsmäßige Rücklage Andere Gewinnrücklagen	Rücklage für eigene Anteile Satzungsmäßige Rücklage Andere Gewinnrücklagen
Gewinn-/Verlustvortrag	Gewinn-/Verlustvortrag
Jahresüberschuss/-fehlbetrag bzw. Bilanzgewinn	Jahresüberschuss/-fehlbetrag

6.9 Skonto, Wechsel

Faustformel	Genaue Berechnung
$\text{effektiver Jahreszins} = \frac{\text{Skontosatz} \cdot 360}{\text{Zahlungsziel - Skontofrist}}$	$\text{effektiver Jahreszins} = \frac{\text{Zinsbetrag} \cdot 100 \cdot 360}{\text{Kapital} \cdot \text{Zinstage}}$
Der Lieferantenkredit ist meist sehr teuer. Die Opportunitätskosten des Lieferantenkredits ergeben sich aus dem Skontoverlust. Es handelt sich deshalb um einen Kredit, da der Lieferer ein Zahlungsziel gewährt. Der Kunde kann bei vorzeitiger Zahlung eventuell Skonto abziehen. Der Rechnungspreis bildet die Summe aus dem Warenwert und dem Zins für die Kreditinanspruchnahme (Skonto).	

Finanzierungsgewinn Die Überziehungszinsen beziehen sich auf den Zeitraum des Zahlungszieles abzüglich der Skontofrist.	Skontoabzug - Überziehungszinsen = Finanzierungsgewinn/ Ersparnis

Wechseleinlösung Die Bank verlangt Diskont für die Vorfinanzierung bis zur Wechselfälligkeit.	Wechselbetrag - Diskont = Barwert - Bankspesen = Kontogutschrift

6.10 Tilgungsplan für Darlehen

Jahr	Darlehensschuld Jahresanfang	Zinsen	Tilgung	Kapitaldienst/ Annuität	Darlehensschuld Jahresende
1					
2					
3					
...					
Summe					

Kapitaldienst = Zins + Tilgung

Annuität = jährlich gleich bleibender Kapitaldienst (Zinsanteil sinkt, Tilgungsanteil steigt)

$$\text{Tilgung pro Jahr} = \frac{\text{Darlehenssumme}}{\text{Laufzeit}}$$

Bei tilgungsfreien Jahren muss das Darlehen in der Restlaufzeit getilgt werden:

$$\text{Tilgung pro Jahr} = \frac{\text{Darlehenssumme}}{\text{Laufzeit} - \text{tilgungsfreie Jahre}}$$

6.11 Cashflow

Der Cashflow (Kassenfluss, Kassenüberschuss) gibt Auskunft über: Ertragslage, Spielraum der Selbstfinanzierung, Finanzkraft, erwirtschaftetes Geld

Tipp! Auch bei negativem Jahresergebnis kann sich z.B. bei entsprechend hohen Abschreibungen noch ein positiver Cashflow ergeben.

Cashflow, im engeren Sinn
Nicht entnommener Gewinn + neu gebildete Rücklagen + Abschreibungen + Pauschalwertberichtigungen = Cashflow im engeren Sinne

Cashflow, im weiteren Sinn	
	Jahresgewinn/Jahresverlust
-	Gewinnvortrag
+	Verlustvortrag
+	Erhöhung der Rücklagen zulasten des Ergebnisses
-	Auflösung der Rücklagen zugunsten des Ergebnisses
+	Erhöhung der langfristigen Rückstellungen
-	Auflösung langfristiger Rückstellungen zugunsten des Ergebnisses
+	Abschreibungen und Wertberichtigungen auf Sachanlagen und Beteiligungen
+	außerordentliche, betriebs- und periodenfremde Aufwendungen
-	außerordentliche, betriebs- und periodenfremde Erträge
=	Cashflow im weiteren Sinne

Cashflow, Praktikerformel	
	Jahresüberschuss/-fehlbetrag
+	Abschreibungen auf das Anlagevermögen
-	Zuschreibungen auf das Anlagevermögen
+	Erhöhungen der langfristigen Rückstellungen (Pensionsrückstellungen)
-	Verminderungen von langfristigen Rückstellungen (Pensionsrückstellungen)
=	Cashflow

Umsatz-Cashflow-Rate	$\text{Umsatz-Cashflow-Rate} = \frac{\text{Cashflow}}{\text{Umsatz}} \cdot 100$
Auf Nettobasis sagt diese Kennzahl aus, wie viel Prozent vom Nettoumsatz für Investitionszwecke zur Verfügung steht.	

Nettoinvestitionsdeckung	$\frac{\text{Cashflow}}{\text{Nettoinvestitionen des Sachanlagevermögens}} \cdot 100$ Hier wird eine Aussage über die Investitionskraft getroffen, also inwieweit ein Unternehmen Investitionen selbst finanzieren kann.
Entschuldungsgrad	$\frac{\text{Cashflow}}{\text{Effektivverschuldung}} \cdot 100$ Das Ergebnis zeigt an, in welchem Maße das Unternehmen seine Schulden mit selbst erwirtschafteten Mitteln zurückzahlen kann.
Dynamischer Verschuldungsgrad	$\frac{\text{Effektivverschuldung}}{\text{Cashflow}}$ Die Kennzahl zeigt an, um wie viel die Effektivverschuldung den Cashflow übersteigt.

Die Berechnung der **Effektivverschuldung** findet sich in der Literatur nicht einheitlich geregelt. Die Effektivverschuldung (Nettoverbindlichkeiten) ist der Teil des Fremdkapitals, der nicht durch kurzfristig liquidierbare Vermögensgegenstände abgedeckt ist. Es handelt sich also um dem Unternehmen dauerhaft zuzurechnende Schulden.

	kurz- und mittelfristiges Fremdkapital
+	Verbindlichkeiten mit einer Restlaufzeit > 1 Jahr
-	monetäres Umlaufvermögen abzüglich Forderungen mit einer Restlaufzeit > 1 Jahr
=	Effektivverschuldung im weiteren Sinn
+	Rückstellungen für Pensionen und ähnlich gelagerte Verpflichtungen
+	alle sonstigen finanziellen Verpflichtungen
=	Effektivverschuldung im engeren Sinn

Fremdkapital - monetäres Umlaufvermögen = Effektivverschuldung	Umlaufvermögen - Vorräte = monetäres Umlaufvermögen
Fremdkapital - Kundenanzahlungen - flüssige Mittel = Effektivverschuldung	Fremdkapital - liquide Mittel - Wertpapiere des Umlaufvermögens = Effektivverschuldung
Fremdkapital - liquide Mittel - kurzfristige Forderungen - Kundenanzahlungen = Effektivverschuldung	Rückstellungen + Lieferverbindlichkeiten + sonstige Verbindlichkeiten - kurzfristige Forderungen - Bankguthaben, Kassenbestand = Effektivverschuldung

Investitionsplan mit Ausgabenplanung

Investitionsplan mit Ausgabenplanung Mai 2... bis Dezember 2...

Investitionen	Budget in T€	Kategorie	Ausgabenplan		
			Mai	Juni	Juli
1. Absauganlage	...	1			
2. Lkw	...	2			
3. Software	...	2			
Usw.					
Summe					
Kategorie: 1 = gesetzliche Auflage 2 = Betriebserweiterung 3 = Wettbewerbsstrategie 4 = Personalentwicklung					

6.12 Leverage-Effekt

Die Rentabilität des Eigenkapitals kann durch die Aufnahme von Fremdkapital erhöht werden, solange die Gesamtkapitalrentabilität über dem Zinssatz für Fremdkapital liegt.

Ausgangssituation:

200.000€ Eigenkapital (EK), 300.000€ Fremdkapital (FK) zu 8 %, 100.000€ Gewinn

8 % von 300.000€ = 24.000€ Zinsen

$$R_{EK} = \frac{\text{Gewinn} \cdot 100}{\text{EK}} = \frac{100.000 \cdot 100}{200.000} = 50\%$$

$$R_{GK} = \frac{(\text{Gewinn} + \text{Fremdkapitalzinsen}) \cdot 100}{\text{EK} + \text{FK}} = \frac{(100.000 + 24.000) \cdot 100}{200.000 + 300.000} = 24{,}8\,\%$$

Neue Situation:

Erweiterungsinvestition durch Aufnahme von 150.000€ Fremdkapital zu 8 % Zinsen; die Gesamtkapitalrentabilität bleibt unverändert.

200.000€ Eigenkapital, 450.000€ Fremdkapital zu 8 %

8 % von 450.000€ = 36.000€ Zinsen

24,8 % vom Gesamtkapital 650.000€ = 161.200€ Gesamtkapitalrentabilität (= Gewinn + Zinsen)

161.200€ - Zinsen 36.000€ = 125.200€ Gewinn

$$R_{EK} = \frac{\text{Gewinn} \cdot 100}{\text{EK}} = \frac{125.200 \cdot 100}{200.000} = 62{,}6\%$$

Eigenkapitalrentabilität =

$$\text{Gesamtkapitalrentabilität} + \frac{\text{FK}}{\text{EK}}\ (\text{Gesamtkapitalrentabilität} - \text{Zinssatz für FK})$$

Tipp! Auch wenn die Eigenkapitalrentabilität mit höherer Verschuldung steigt, ist auf folgende Kriterien zu achten:

- Fremdkapital steht nicht permanent zur Verfügung.
- Zinsen müssen unabhängig von der Gewinnsituation bezahlt werden.
- Kreditgeber versuchen Einfluss zu gewinnen.
- Verschlechtert sich die Auftragslage, wird die Liquidität mit Zins- und Tilgungszahlungen belastet.

6.13 Begriffe zum Auf- und Abzinsen

Durch Aufzinsung wird unter Berücksichtigung von Zins und Zinseszins der zukünftige Wert eines gegenwärtigen Geldbetrages bestimmt.

Durch Abzinsung wird unter Berücksichtigung von Zins und Zinseszins der gegenwärtige Wert eines zukünftigen Geldbetrages bestimmt (Barwert).

Nachschüssige (postnumerando) Verzinsung:
Anfangskapital + Zinsen vom Anfangskapital = Endkapital

Vorschüssige (antizipative oder pränumerando) Verzinsung:
Anfangskapital + Zinsen vom Endkapital = Endkapital

Bei nachschüssiger Zahlung erfolgt die Zahlung am Ende der Zinsperiode.

Bei vorschüssiger Zahlung erfolgt die Zahlung am Anfang der Zinsperiode.

Der Barwert (Gegenwartswert) entsteht durch Abzinsung einer zukünftigen Zahlung.

Der Rentenbarwert ist die Summe abgezinster zukünftiger Zahlungen in gleicher Höhe.

Bei der Berechnung der Annuität wird ein Geldbetrag gleichmäßig auf die Laufzeit verteilt unter Berücksichtigung der Verzinsung. Die jährlich gleichen Beträge werden als Annuitäten bezeichnet.

Kapitalwert ist die Differenz zwischen abgezinsten Einnahmen und Ausgaben (t_1, t_2, ..t_n) und eventuell aufgezinsten Einnahmen und Ausgaben (t_{-1} , t_{-2}, ...t_{-n}) unter Berücksichtigung von Ein- und Auszahlungen in t_0.

Ein positiver Kapitalwert bedeutet, dass der Investor seine Investitionsausgaben zurückerhält, einen zusätzlichen Überschuss in Höhe des positiven Kapitalwertes und seine gewünschte Verzinsung.

Je höher der Zinsfuß gewählt wird, desto kleiner wird der Kapitalwert bzw. er wird dann negativ.

Ein negativer Kapitalwert bedeutet nicht, dass Verlust eingefahren wird, sondern nur, dass die gewünschte Verzinsung nicht erreicht wird.

Der Ertragswert entspricht dem Kapitalwert ohne Berücksichtigung der Aus- und Einzahlungen in t_0.

6.14 Zinsfaktoren

Zinsfaktor q = (1+i) Der Zinssatz i wird als Dezimalzahl geschrieben, d.h. 10 % = 0,1 oder 5 % = 0,05. n = Laufzeit		
Aufzinsungsfaktor	q^n	$(1+i)^n$
Abzinsungsfaktor	$\frac{1}{q^n}$ oder q^{-n}	$\frac{1}{(1+i)^n}$ oder $(1+i)^{-n}$
Restwertverteilungsfaktor	$\frac{q-1}{q^n-1}$	$\frac{i}{(1+i)^n-1}$
Kapitalwiedergewinnungsfaktor Annuitätenfaktor	$\frac{q^n(q-1)}{q^n-1}$	$\frac{i(1+i)^n}{(1+i)^n-1}$
Endwertfaktor	$\frac{q^n-1}{q-1}$	$\frac{(1+i)^n-1}{i}$
Barwertfaktor Rentenbarwertfaktor	$\frac{q^n-1}{q^n(q-1)}$	$\frac{(1+i)^n-1}{i(1+i)^n}$

Berechnung von Zinsfaktoren (Auswahl)

Zinsfaktor q = (1+ i) Der Zinssatz i wird als Dezimalzahl geschrieben, d.h. 10 % = 0,1 oder 5 % = 0,05. n = Laufzeit		
Aufzinsungsfaktor 6 %, 5 Jahre	$1{,}06^5 = 1{,}338226$	$(1 + 0{,}06)^5 = 1{,}338226$
Abzinsungsfaktor 5 %, 8 Jahre	$\frac{1}{1{,}05^8} = 0{,}676839$	$\frac{1}{(1 + 1{,}05)^8} = 0{,}676839$
Kapitalwiedergewinnungsfaktor, Annuitätenfaktor 11 %, 5 Jahre	$\frac{1{,}11^5\,(1{,}11 - 1)}{1{,}11^5 - 1} = 0{,}270570$	$\frac{0{,}11\,(1 + 0{,}11)^5}{(1 + 0{,}11)^5 - 1} = 0{,}270570$
Barwertfaktor, Rentenbarwertfaktor 12 %, 4 Jahre	$\frac{1{,}12^4 - 1}{1{,}12^4\,(1{,}12 - 1)} = 3{,}037349$	$\frac{(0{,}12 + 1)^4 - 1}{0{,}12\,(1 + 0{,}12)^4} = 3{,}037349$

Berechnungsmöglichkeiten mit Zinsfaktoren

Aufzinsungsfaktor
Ein in der Gegenwart vorhandener einmaliger Betrag wird über eine bestimmte Zahl von Jahren aufgezinst, um den zukünftig zur Verfügung stehenden Betrag zu ermitteln. 10.000 € werden heute zu 5 % für 5 Jahre angelegt. Welcher Betrag befindet sich in 5 Jahren auf dem Konto? (12.762,82 €)
Abzinsungsfaktor
Ein in der Zukunft gewünschter einmaliger Betrag wird in die Gegenwart abgezinst, um den aktuellen Wert zum Zeitpunkt t_0 zu ermitteln. In 5 Jahren sollen 20.000 € auf dem Konto liegen. Welcher einmalige Betrag muss heute zu 5 % angelegt werden? (15.670,52 €)
Restwertverteilungsfaktor
Ein nach Ablauf einer Anlage oder Investition geschätzter Endbetrag wird gleichmäßig auf die Jahre verteilt, um die fiktiven jährlichen Einzahlungen zu erhalten, die den Endbetrag ergeben. Eine Investition ergibt einen geschätzten Restwert von 20.000 € über eine Laufzeit von 5 Jahren. Welcher (fiktiven) jährlichen Einzahlung entspricht der Restwert bei 10 %? (3.275,96 €)
Kapitalwiedergewinnungsfaktor, Annuitätenfaktor
Ein in der Gegenwart (t_0) vorhandenes Kapital wird gleichmäßig auf die Laufzeit einer Anlage oder Investition verteilt. Die Beträge stünden jährlich zur Verfügung. Heute stehen 400.000 € zur Verfügung. Welcher Betrag kann jährlich bei 10 % Verzinsung 8 Jahre lang entnommen werden? (74.977,60 €)

Endwertfaktor
Ein regelmäßig wiederkehrender Betrag wird aufgezinst, um den am Ende der Laufzeit zur Verfügung stehenden Betrag zu ermitteln. Welchen Betrag ergeben 2.000€ jährliche Einzahlungen bei 6% nach 6 Jahren? (13.951,84€)
Barwertfaktor, Rentenbarwertfaktor
Ein regelmäßig wiederkehrender Betrag wird abgezinst, um den Kapitalbetrag in der Gegenwart (t_0) zu erhalten. Welcher Betrag muss heute bei 5% angelegt werden, um 10 Jahre lang 12.000€ jährlich zur Verfügung zu haben? (92.660,82€)

6.15 Aufzinsung und Abzinsung mit wechselndem Zins

Banken bieten vielfach Anlagemöglichkeiten mit verschiedenen Zinssätzen pro Jahr. Häufig steigt der Zins mit der Anlagedauer.

Aufzinsung
10.000 € werden mit folgender Zinsstaffel angelegt: 5% (1. Jahr), 20% (2. Jahr), 10% (3. Jahr)
Welches Endguthaben ergibt sich nach drei Jahren?
10.000€ · (1,05 · 1,2 · 1,1) = 13.860€
Welches Endguthaben ergibt sich bei 10% im 1. Jahr, 5% im 2. Jahr und 20% im 3. Jahr?
10.000€ · (1,1 · 1,05 · 1,2) = 13.860€

Tipp! Faktoren können beliebig vertauscht werden.

Abzinsung
Wie hoch ist der Barwert eines in drei Jahren fälligen Betrages von 9.702€ mit den geltenden Zinssätzen?

$$9.702\,€ \cdot 1{,}1^{-1} \cdot 1{,}2^{-1} \cdot 1{,}05^{-1} = 9.702\,€ \cdot 1{,}386^{-1} = 7.000\,€$$

$$9.702\,€ \cdot \frac{1}{1{,}386} = 7.000\,€$$

6.16 Nachschüssige und vorschüssige Verzinsung

Nachschüssige Verzinsung: Berechnung der Zinsen vom Anfangskapital
Anfangskapital + Zinsen vom Anfangskapital = Endkapital

Vorschüssige Verzinsung: Berechnung der Zinsen vom Endkapital
Anfangskapital + Zinsen vom Endkapital = Endkapital

Drei Jahre lang werden 1.000 € zu 10% angelegt. Wie hoch sind Zinsen und Kapital am Ende des 1., 2. und 3. Jahres bei nachschüssiger und vorschüssiger Verzinsung?

Kapital und Zinsen bei nachschüssiger Verzinsung

Jahr	Kapital am Jahresanfang	Zinsen	Kapital am Jahresende
1	1.000	100 (10 % von 1.000)	1.100 (1.000 + 100)
2	1.100	110 (10 % von 1.100)	1.210 (1.100 + 110)
3	1.210	121 (10 % von 1.210)	1.331 (1.210 + 121)

Kapital und Zinsen bei vorschüssiger Verzinsung

Berechnung des vorschüssigen Zinsfußes

$$\frac{100 \cdot \text{Zinsfuß (nachschüssig)}}{100 - \text{Zinsfuß (nachschüssig)}} = \frac{100 \cdot 10}{100 - 10} = 11{,}11\,\%$$

Jahr	Kapital am Jahresanfang	Zinsen	Kapital am Jahresende
1	1.000,00	111,11 (11,11 % von 1.000,00)	1.111,10 (1.000 + 111,10)
2	1.111,10	123,44 (11,11 % von 1.111,10)	1.234,54 (1.111,10 + 123,44)
3	1.234,54	137,16 (11,11 % von 1.234,54)	1.371,70 (1.234,54 + 137,16)

6.17 Nachschüssige und vorschüssige Rente

Nachschüssige Rente

Unter einer Rente versteht man eine jährliche gleich hohe Ein- oder Auszahlung. Bei der nachschüssigen Rente (Postnumerando-Rente) erfolgen die Ein- und Auszahlungen jeweils am Ende einer Zinsperiode.

Endwert nachschüssige Rente = $r \cdot \frac{q^n - 1}{q - 1}$	$q = 1 + \frac{p}{100} = 1 + i$
r = Höhe der Rate, p = Verzinsung in Prozent, n = Laufzeit in Jahren	

Am Ende eines jeden Jahres werden 1.000,00 € auf ein Sparkonto eingezahlt. Das Guthaben wird mit 4 % verzinst. Wie hoch ist das Guthaben unmittelbar nach der 6. Einzahlung?

$$\text{Endwert nachschüss. Rente} = 1.000 \cdot \frac{\left(1 + \frac{4}{100}\right)^6 - 1}{1 + \frac{4}{100} - 1} = 1.000 \cdot \frac{1{,}04^6 - 1}{1{,}04 - 1} = 6.632{,}98\ €$$

Vorschüssige Rente

Bei der vorschüssigen Rente (Pränumerando-Rente) erfolgen die Ein- und Auszahlungen jeweils zu Beginn einer Zinsperiode. Bei vorschüssiger Zahlungsweise wird der Rentenbetrag einmal mehr verzinst, da er bereits am Anfang der Zinsperiode eingezahlt wurde.

Endwert vorschüssige Rente $= r \cdot \frac{q^n - 1}{q - 1} \cdot q$	$q = 1 + \frac{p}{100} = 1 + i$
r = Höhe der Rate, p = Verzinsung in Prozent, i = Verzinsung als Dezimalzahl, n = Laufzeit in Jahren	

Am Anfang eines jeden Jahres werden 6-mal 1.000,00 € auf ein Sparbuch eingezahlt. Das Guthaben wird mit 4 % verzinst. Wie hoch ist das Guthaben am Ende des 6. Jahres?

$$\text{Endwert vorschüssige Rente} = 1.000 \cdot \frac{\left(1 + \frac{4}{100}\right)^6 - 1}{1 + \frac{4}{100} - 1} \cdot \left(1 + \frac{4}{100}\right) = 1.000 \cdot \frac{1{,}04^6 - 1}{1{,}04 - 1} \cdot 1{,}04 = 6.898{,}29\ €$$

Endwert und Barwert

Endwert der Rente
Legt jemand eine bestimmte Zahl von Jahren gleiche Beträge in jährlichen Abständen an, ist der Endwert das Kapital, das am Ende mit Zinseszins zur Verfügung steht.

Barwert der Rente
Möchte jemand gleichmäßige jährliche Zahlungen eine bestimmte Zahl von Jahren zur Verfügung haben, ist der Barwert das Kapital, das heute angelegt werden muss, um daraus und den Zinsen die gewünschten Zahlungen bestreiten zu können.

Endwert und **Barwert** ersetzen die Folge der Rentenzahlungen durch eine unter Berücksichtigung der Zinseszinsen gleichwertige einmalige Zahlung. Den Barwert erhält man durch Abzinsung des Endwertes.

Aufzinsfaktor $q = 1 + \frac{p}{100} = 1 + i$	p = Zinsfuß in Prozent i = Zinsfuß als Dezimalzahl

	vorschüssig	nachschüssig
Barwert	$r \cdot \frac{q^n - 1}{q^{n-1}(q - 1)}$	$r \cdot \frac{q^n - 1}{q^n(q - 1)}$
Endwert	$r \cdot \frac{q(q^n - 1)}{q - 1}$	$r \cdot \frac{q^n - 1}{q - 1}$
	r = Höhe der Rate, n = Laufzeit in Jahren	

Barwert (vorschüssig) aufgelöst nach der Höhe der Rate r:

$$r \cdot \frac{\text{Barwert} \cdot q^{n-1}(q - 1)}{q^n - 1}$$

6.18 Kostenvergleichsrechnung

Annahmen/Prämissen/Voraussetzungen:
kurzfristig, statisch (Ein-Perioden-/Jahresvergleich), keine Aussage über Rentabilität (kein Gewinn), konstante Absatzmengen, Kosteneinflussgrößen werden nicht berücksichtigt (z.B. Produktivitätssteigerung, Qualität), einfach und leicht handhabbar, dient nur als grobe Richtschnur.

Berechnung der Abschreibung

Die kalkulatorische Abschreibung ist vom Wiederbeschaffungswert vorzunehmen. Zur Vereinfachung wird davon ausgegangen, dass der Wiederbeschaffungswert dem Anschaffungswert entspricht.

Verbleibt kein Restwert, errechnet sich die Abschreibung aus: $\text{Abschreibung} = \frac{\text{Anschaffungswert}}{\text{Nutzungsdauer}} = \frac{AW}{n}$	Muss ein Restwert (Liquidationserlös, Resterlös) berücksichtigt werden, rechnet man: $= \frac{\text{Anschaffungswert} - \text{Restwert}}{\text{Nutzungsdauer}} = \frac{AW - RW}{n}$

Berechnung der Zinsen

Es ist kein Restwert zu berücksichtigen.	Es ist ein Restwert zu berücksichtigen.
$\text{durchschnittl. gebundenes Kapital} = \frac{AW}{2}$	$\text{durchschnittl. gebundenes Kapital} = \frac{AW - RW}{2} + RW$
$\text{Zinsen} = \frac{AW}{2} \cdot i$	oder $\frac{AW + RW}{2}$
i = Zinssatz	$\text{Zinsen} = \frac{AW + RW}{2} \cdot i$

	Maschine/Verfahren AU	Maschine/Verfahren WEI
Abschreibung		
Zinsen		
Sonstige fixe Kosten		
Variable Kosten		
Gesamtkosten		

Tipp! Ein Vergleich der Gesamtkosten ist nur sinnvoll, wenn beide Maschinen die gleiche Leistung erbringen. Ist dies nicht der Fall, muss ein Kostenvergleich pro Leistungseinheit vorgenommen werden.

Berechnung der kritischen Menge, Grenzstückzahl → über Kostenvergleich

Die kritische Menge/Produktionsmenge gibt die Leistung/Stückzahl an, bei der zwei Maschinen die gleichen Kosten verursachen.

Fixe $\text{Kosten}_{\text{Maschine1}}$ + variable Kosten/$\text{Leistungseinheit}_{\text{Maschine1}} \cdot x$ =

Fixe $\text{Kosten}_{\text{Maschine2}}$ + variable Kosten/$\text{Leistungseinheit}_{\text{Maschine2}} \cdot x$

$$K_{fix1} + k_{var1} \cdot x = K_{fix2} + k_{var2} \cdot x$$

$$x = \frac{\text{Differenz fixe Gesamtkosten}}{\text{Differenz variable Kosten/Leistungseinheit}} = \frac{K_{fix2} - K_{fix1}}{k_{var1} - k_{var2}}$$

Tipp! Sind z.B. die variablen Kosten pro Maschinenstunde gegeben, die Maschinen fertigen aber unterschiedliche Stückzahlen pro Stunde, müssen die variablen Kosten pro Stück (variable Kosten pro Leistungseinheit!) berechnet und eingesetzt werden.

Tipp! Liegt ein Auftrag unter der kritischen Menge, ist die Maschine mit den geringeren Fixkosten günstiger. Liegt ein Auftrag über der kritischen Menge, ist die Maschine mit den höheren Fixkosten günstiger, da diese durch die Ersparnis bei den variablen Kosten kompensiert werden.

Beim Vergleich **Eigenfertigung** mit **Fremdbezug** (Make-or-Buy-Entscheidung) gibt es meist keine Fixkosten beim Fremdbezug, also setzt man dafür 0€ in die Formel ein.

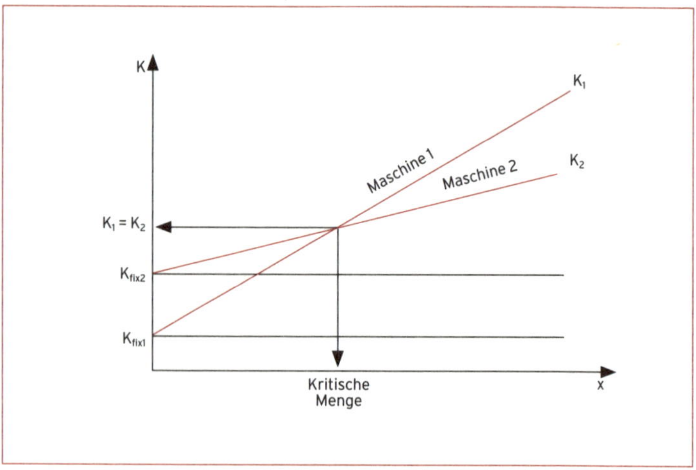

Grafische Darstellung der Grenzstückzahl bzw. der kritischen Menge, K = Gesamtkosten, x = Menge

Tipp! Soll in die Grafik noch der Fremdbezug eingezeichnet werden, beginnt die Kurve im Nullpunkt, da keine Fixkosten anfallen.

6.19 Gewinnvergleichsrechnung

Die Gewinnvergleichsrechnung baut auf der Kostenvergleichsrechnung auf. Der Gewinn ergibt sich aus der Differenz zwischen den Erlösen und den Kosten. Die Gewinnvergleichsrechnung ist sinnvoll, wenn sich Investitionen nicht nur hinsichtlich der Kosten unterscheiden, sondern wenn auch unterschiedliche Erlöse zu erwarten sind (Vergleich von Gewinn/Einheit oder Gesamtgewinn!).

	Maschine/Verfahren AU	Maschine/Verfahren WEI
Erlöse		
- fixe Kosten		
- variable Kosten		
= Gewinn		

Berechnung der kritischen Menge, Grenzstückzahl → über Gewinnvergleich
Die kritische Menge gibt die Leistung/Stückzahl an, bei der zwei Maschinen den gleichen Gewinn/Verlust erwirtschaften. Zur Berechnung setzt man die Gewinnfunktionen gleich.

Gewinn = Erlöse pro Stück · x – (fixe Gesamtkosten + variable Kosten pro Stück · x)

$$\text{Gewinn}_{\text{Maschine1}} = \text{Erlöse pro Stück} \cdot x - (K_{\text{fix1}} + k_{\text{var1}} \cdot x)$$

$$\text{Gewinn}_{\text{Maschine2}} = \text{Erlöse pro Stück} \cdot x - (K_{\text{fix2}} + k_{\text{var2}} \cdot x)$$

$$x = \frac{\text{Differenz fixe Gesamtkosten } K_{\text{fix2}} - K_{\text{fix1}}}{(\text{Erlös/Stück} - \text{var. Kosten/Stück})_2 - (\text{Erlös/Stück} - \text{var. Kosten/Stück})_1}$$

Liegt ein Auftrag über der kritischen Menge, ist der Maschine mit den höheren Fixkosten der Vorzug zu geben. Die höheren Fixkosten werden durch die größere Differenz aus Erlös/Stück und variablen Kosten/Stück kompensiert.

Berechnung der Gewinnschwelle (Break-even-Point)
Die Gewinnschwelle wird für jede Maschine einzeln errechnet. Der Break-even-Point gibt die Stückzahl an, bei der gerade die Kosten gedeckt sind.

$$\text{Gewinnschwelle} = \frac{\text{fixe Gesamtkosten}}{\text{Deckungsbeitrag pro Einheit}}$$

6.20 Rentabilitätsvergleichsrechnung

Es ist nicht immer sinnvoll, den absoluten Gewinn von Investitionsobjekten miteinander zu vergleichen, wenn das eingesetzte Kapital erheblich voneinander abweicht. Man verwendet deshalb den relativen Gewinn, also den absoluten Gewinn im Verhältnis zum eingesetzten Kapital.

$$\text{(Kapital -) Rentabilität (ROI)} = \frac{\text{Gewinn}}{\text{durchschnittlich eingesetztes Kapital}} \cdot 100$$

	Maschine/Verfahren AU	Maschine/Verfahren WEI
Durchschnittlich gebundenes Kapital		
Gewinn		
Rentabilität	$\frac{\text{Gewinn}}{\text{durchschn. geb. Kapital}} \cdot 100$	$\frac{\text{Gewinn}}{\text{durchschn. geb. Kapital}} \cdot 100$

Muss der Gewinn erst ermittelt werden, wird meist der **Gewinn vor Zinsen** eingesetzt.

Gewinn vor Zinsen = Gewinn + kalkulatorische Zinsen

$$\text{Rentabilität} = \frac{\text{Gewinn vor kalkulatorischen Zinsen}}{\text{durchschnittlich eingesetztes Kapital}} \cdot 100$$

	Maschine/Verfahren AU	Maschine/Verfahren WEI
Abschreibung	3.000€	
Kalkulatorische Zinsen	500€	
Sonstige fixe Kosten	4.000€	
Sonstige variable Kosten	2.500€	
Gesamtkosten	10.000€	
Erlöse	12.000€	
- Gesamtkosten	10.000€	
= Gewinn	2.000€	

$$\text{Rentabilität} = \frac{(\text{Gewinn} + \text{kalkulator. Zinsen}) \cdot 100}{\text{durchschnittlich eingesetztes Kapital}} = \frac{(2.000 + 500) \cdot 100}{\text{durchschn. einges. Kapital}}$$

Tipp! Als Kapitaleinsatz kann – je nach Angaben – auch der jeweilige Restwert pro Jahr verwendet werden.

Ermittlung von Eigenkapitalrentabilität und Gesamtkapitalrentabilität

Wird eine Investition komplett mit Eigenkapital finanziert, fallen Eigenkapital- und Gesamtkapitalrentabilität zusammen. Wird ein Teil fremdfinanziert, ergeben sich folgende Berechnungen:

$$\text{Eigenkapitalrentabilität} = \frac{\text{Gewinn} + \text{kalkulatorische Eigenkapitalzinsen}}{\text{Eigenkapital}} \cdot 100$$

$$\text{Gesamtkapitalrentabilität} = \frac{\text{Gewinn} + \text{kalkulatorische Eigenkapitalzinsen} + \text{Fremdkapitalzinsen}}{\text{Eigenkapital} + \text{Fremdkapital}} \cdot 100$$

Tipp! Problematisch ist die Festlegung des Gewinns. In einigen Fällen werden neben den kalkulatorischen Zinsen auch die kalkulatorischen Abschreibungen berücksichtigt und addiert.

Rentabilität bei Rationalisierungsinvestitionen

Muss eine Maschine ersetzt werden, wird die neue Maschine ausgewählt, deren Kostenersparnis (Minderkosten) die Rentabilität des eingesetzten Kapitals erreicht (siehe: optimaler Ersatzzeitpunkt).

$$\text{Rentabilität} = \frac{\text{Minderkosten}}{\text{durchschnittlich gebundenes Kapital der neuen Maschine}} \cdot 100$$

Die Minderkosten ergeben sich aus der Differenz der Kosten der alten und der neuen Maschine.

Berechnung des durchschnittlich gebundenen Kapitals:	
Es ist kein Restwert zu berücksichtigen. $\text{durchschnittlich gebundenes Kapital} = \frac{AW}{2}$ AW = Anschaffungswert RW = Restwert	Es ist ein Restwert zu berücksichtigen. $\text{durchschnittlich gebundenes Kapital} = \frac{AW - RW}{2} + RW$ oder $\frac{AW + RW}{2}$

6.21 Amortisationsvergleichsrechnung

Amortisationszeit = Wiedergewinnungszeit = Zeitraum, in der sich eine Investition amortisiert = Zeitraum, in dem der Kapitaleinsatz durch Einnahmeüberschüsse wiedergewonnen wird

6.21.1 Statische Amortisationsrechnung (= Pay-off-, Pay-out- oder Pay-back-Methode)

Durchschnittsrechnung

Berechnung ohne Restwert Amortisationszeit = $\frac{\text{Anschaffungswert}}{\text{durchschnittl. Gewinn + Abschreibung}}$	**Berechnung mit Restwert** Amortisationszeit = $\frac{\text{Anschaffungswert - Restwert}}{\text{durchschnittl. Gewinn + Abschreibung}}$
Unter zusätzlicher Berücksichtigung der kalkulatorischen Zinsen Amortisationszeit = $\frac{\text{Anschaffungswert}}{\text{durchschnittl. Gew. + Abschr. + kalk. Z}}$	**Unter zusätzlicher Berücksichtigung der kalkulatorischen Zinsen** Amortisationszeit = $\frac{\text{Anschaffungswert - Restwert}}{\text{durchschnittl. Gew. + Abschr. + kalk. Z}}$

<table>
<tr><td>Rückflüsse sind in einem Betrag jeweils pro Jahr angegeben.
Amortisationszeit = $\frac{\text{Anschaffungswert}}{\text{durchschnittl. Rückflüsse}}$
Rückflüsse = Gewinn + Abschreibung + Zinsen

Die durchschnittlichen Rückflüsse ergeben sich aus der Summe der Rückflüsse dividiert durch die Anzahl der Rückflüsse.</td><td>Rückflüsse sind in einem Betrag jeweils pro Jahr angegeben.
Amortisationszeit = $\frac{\text{Anschaffungswert - Restwert}}{\text{durchschnittl. Rückflüsse}}$

z.B. Rückflüsse pro Jahr:
20.000€ im 1. Jahr, 30.000€ im 2. Jahr, 10.000€ im 3. Jahr</td></tr>
<tr><td colspan="2">durchschnittl. Rückflüsse = $\frac{20.000 + 30.000 + 10.000}{3}$ = 20.000 € pro Jahr</td></tr>
</table>

Amortisationszeit bei einer **Rationalisierungsinvestition, Ersatzproblem**

$$\text{Amortisationszeit} = \frac{\text{Anschaffungswert}}{\text{durchschnittliche jährliche Minderauszahlungen}}$$

Kumulationsrechnung

Die Einnahmeüberschüsse werden bis zu dem Jahr kumuliert (aufaddiert), in dem die Nettoeinzahlungen der Anschaffungsauszahlung abzüglich des Restwertes entsprechen.

Beträgt die Anschaffungsauszahlung einer Investition 55.000€, amortisiert sie sich hier nach 2,5 Jahren.

	Rückflüsse	kumulierte Rückflüsse
1. Jahr	20.000€	20.000€
2. Jahr	30.000€	50.000€
3. Jahr	10.000€	60.000€
Usw.	Usw.	Usw.

	Anschaffungsauszahlung (- Restwert)	55.000€
-	Kumulierte Rückflüsse im 2. Jahr	50.000€
=	Benötigter Rückfluss im 3. Jahr	5.000€

10.000€ Rückfluss entspricht einem Jahr

5.000€ Rückfluss entspricht x Jahre

$$\frac{5.000 \cdot 1\ \text{Jahr}}{10.000} = 0{,}5\ \text{Jahre oder 6 Monate}\ (0{,}5 \cdot 12\ \text{Monate})$$

Die Amortisationszeit beträgt 2,5 Jahre.

6.21.2 Dynamische Amortisationsrechnung

Die Kumulationsrechnung berücksichtigt die Verzinsung der Rückflüsse.

Jahr	Rückflüsse	Abzinsungs-faktoren	Abgezinste Rückflüsse	Kumulierte Rückflüsse
1	...€			
2	...€			
3				
4				
usw.				

Stellt man fest, dass sich die Investition im 8. Jahr amortisiert, kann man den Zeitpunkt genauer bestimmen. Auch hier kann ein Restwert durch Subtraktion von der Anschaffungsauszahlung berücksichtig werden.

Kapitalwert im 7. Jahr: kumulierte Rückflüsse abzüglich Anschaffungsauszahlung (- Restwert)

Kapitalwert im 8. Jahr: kumulierte Rückflüsse abzüglich Anschaffungsauszahlung (- Restwert)

n_1 = 7 Jahre	C_1 = Kapitalwert im 7. Jahr
n_2 = 8 Jahre	C_2 = Kapitalwert im 8. Jahr

$$\text{Amortisationszeit} = n_1 - C_1 \cdot \frac{n_2 - n_1}{C_2 - C_1}$$

n = Jahre, C = Kapitalwert

Tipp! Vertauscht man die Daten für n und C, führt die Rechnung zum gleichen Ergebnis.

6.22 Kapitalwertmethode

Das dynamische Investitionsrechenverfahren dient als Grundlage für die Annuitätenmethode und die interne Zinsfußmethode. Dynamische Verfahren berücksichtigen Einzahlungen und Auszahlungen im Zeitablauf. Zahlungsströme werden vergleichbar, wenn sie sich auf den gleichen Zeitpunkt beziehen. Ein- und Auszahlungen werden auf den Zeitpunkt t_0 aufgezinst, wenn sie vor dem Zeitpunkt anfallen, und abgezinst, wenn sie nach dem Bezugszeitpunkt anfallen.

t_{-3}	t_{-2}	t_{-1}	t_0	t_1	t_2	t_3	t_4
→ Aufzinsen →→			Bezugszeitpunkt	← Abzinsen ←←←			

Positiver Kapitalwert	Das eingesetzte Kapital wird zurückgewonnen und die Verzinsung realisiert. Zusätzlich ergibt sich ein Überschuss in Höhe des positiven Kapitalwertes.
Kapitalwert $C_0 = 0$	Das eingesetzte Kapital wird zurückgewonnen und die Verzinsung realisiert.
Negativer Kapitalwert	Die Verzinsung kann nicht realisiert werden.

	t_0	t_1	t_2	t_3
	-100	+10	+10	+100
$C_0 =$	-100	$+10 \cdot 0{,}952381$	$+10 \cdot 0{,}907029$	$+100 \cdot 0{,}863838$
$C_0 =$	-100	$10 \cdot 1{,}05^{-1}$	$10 \cdot 1{,}05^{-2}$	$100 \cdot 1{,}05^{-3}$
$C_0 =$	-100	$\frac{10}{1{,}05} = \frac{10}{1{,}05^1}$	$\frac{10}{1{,}05^2}$	$\frac{100}{1{,}05^3}$
$C_0 =$	-100	$10 \cdot \frac{1}{1{,}05}$	$10 \cdot \frac{1}{1{,}05^2}$	$100 \cdot \frac{1}{1{,}05^3}$
$C_0 =$	-100	+9,52	+9,07	+86,38
$C_0 =$	+4,97 €			
Zinssatz: 5 %				

Der **Kapitalwert** ist der Saldo aller abgezinsten (und eventuell aufgezinsten) Einzahlungen und Auszahlungen zum Zeitpunkt t_0 unter Abzug der Investitionsauszahlung in t_0.

Der **Ertragswert** ist der Saldo aller abgezinsten Einzahlungen und Auszahlungen ohne Berücksichtigung von Auszahlungen bzw. Einzahlungen in t_0.

Tipp! Bei mehreren Einzahlungen und Auszahlungen im gleichen Jahr empfiehlt sich die Bildung des Saldos, damit anschließend nur ein Wert auf- oder abgezinst werden muss.

6.23 Annuitätenmethode

Die äquivalente Annuität einer Zahlungsreihe ist der Betrag von gleich bleibenden Zahlungen von t_1 bis t_n, deren Kapitalwert gleich dem der Zahlungsreihe des Investitionsobjektes ist. Die äquivalente Annuität wird ermittelt, indem der Kapitalwert eines Investitionsobjektes durch den Rentenbarwertfaktor dividiert oder mit dem Annuitätenfaktor multipliziert wird.

Folgende Zahlungsreihe ergibt bei einem Zinssatz von 5 % einen Kapitalwert von 4,97 €:

t_0	t_1	t_2	t_3
-100	+10	+10	+100

Der Kapitalwert 4,97 € wird mit dem Annuitätenfaktor multipliziert.

Annuitätenfaktor = $\frac{i\,(1+i)^n}{(1+i)^n - 1}$	$4{,}97 \cdot \frac{1{,}05^3 \cdot 0{,}05}{1{,}05^3 - 1} = 4{,}97 \cdot 0{,}367209 = 1{,}83$ €

Bei einem Zinssatz von 5 % sind die Zahlungsreihen vermögensmäßig äquivalent. Es ergibt sich jeweils der gleiche Kapitalwert.

t_0	t_1	t_2	t_3
-100	+10	+10	+100
0	+1,83	+1,83	+1,83

Tipp! Die positive (negative) Annuität eines Investitionsobjektes gibt den Betrag an, der jedes Jahr vom Investor bei Realisierung der Investition zusätzlich entnommen werden kann (zusätzlich eingelegt werden muss), ohne ein anderes Endvermögen zu erreichen als bei Wahl der entsprechenden Geldanlage.

Tipp! Die positive (negative) Annuität eines Investitionsobjektes gibt den Betrag an, um den die Einzahlungsüberschüsse jedes Jahr geringer sein dürfen (höher sein müssen), ohne ein niedrigeres Endvermögen zu erreichen als bei Wahl der entsprechenden Geldanlage.

Tipp! Ein durchschnittlicher Jahresüberschuss von 1,83 € (Annuität) sagt aus, dass der Investor sein eingesetztes Kapital zurückerhält, die kalkulatorische Verzinsung realisiert wird und im Jahresdurchschnitt zusätzlich 1,83 € übrig bleiben.

6.24 Interne Zinsfußmethode

Der interne Zinsfuß einer Zahlungsreihe ist der Kalkulationszinsfuß, bei dem der Kapitalwert einer Zahlungsreihe Null ergibt. Zur Eingrenzung der Nullstelle sucht man einen Zinssatz, bei dem der Kapitalwert positiv ist und einen Zinssatz, bei dem sich ein negativer Kapitalwert ergibt. Dazwischen liegt der interne Zinsfuß.

Entspricht der Kalkulationszinssatz dem internen Zinsfuß, erhält der Investor sein eingesetztes Kapital zurück und die geforderte Mindestverzinsung. Der Kapitalwert beträgt Null.

Tipp! Der Kapitalwert sinkt mit steigendem Kalkulationszinssatz und wird größer bei fallendem Zinssatz.

Interner Zinsfuß (regula falsi)

$$\text{interner Zinsfuß } r = i_1 - C_{01} \cdot \frac{i_2 - i_1}{C_{02} - C_{01}}$$

C_{01} = Kapitalwert bei Zinsfuß i_1

C_{02} = Kapitalwert bei Zinsfuß i_2

Tipp! Man braucht einen positiven und einen negativen Kapitalwert. Es spielt keine Rolle, welcher der zwei Kapitalwerte als C_{01} oder C_{02} angenommen wird. Auch beim Vertauschen der Werte bleibt das Ergebnis gleich. Die Zinsfüße müssen ihren jeweiligen Kapitalwerten zugeordnet bleiben.

Je höher der Zinsfuß gewählt wird, desto kleiner wird der Kapitalwert bzw. er wird negativ.

$C_{01} = +106{,}48\,€$ $i_1 = 20\,\%$ $C_{02} = -7{,}63\,€$ $i_2 = 22\,\%$	$r = 0{,}20 - (+106{,}48) \cdot \frac{0{,}22 - 0{,}20}{(-7{,}63) - (+106{,}48)} = 0{,}21866 = 21{,}87\,\%$
Tipp! Gibt man die Zinsfüße als Dezimale ein, muss das Ergebnis mit 100 multipliziert werden, um zu einer Prozentzahl zu kommen. Man kann auch direkt die Prozentzahlen einsetzen.	

Grafische Ermittlung des internen Zinsfußes

In ein Koordinatensystem werden die errechneten Kapitalwerte mit den dazugehörigen Versuchszinssätzen eingetragen. Die Stelle, an der die Verbindungslinie zwischen den beiden Werten die Nulllinie schneidet, gibt den internen Zinsfuß an.

Tipp! Auf der x-Achse können die Zinssätze abgetragen werden und auf der y-Achse die Kapitalwerte. Auch der umgekehrte Fall ist möglich.

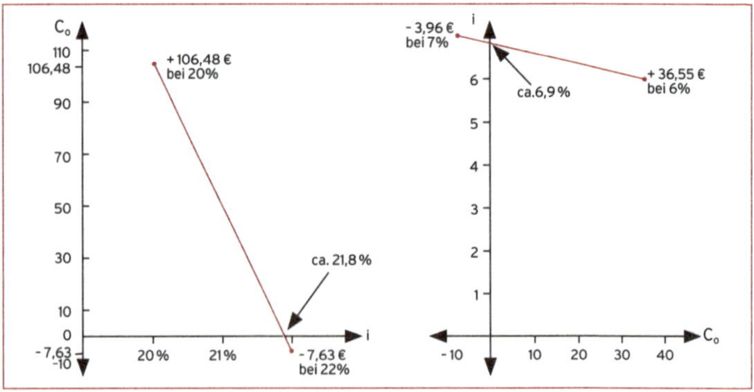

Möglichkeiten zur grafischen Ermittlung des internen Zinsfußes

6.25 Wirtschaftliche Nutzungsdauer und optimaler Ersatzzeitpunkt

6.25.1 Wirtschaftlich optimaler Ersatzzeitpunkt bei einmaligen Projekten

Die wirtschaftliche Nutzungsdauer ermittelt man durch den Vergleich der Kapitalwerte der Investition während der Laufzeit in den einzelnen Jahren. Man berechnet den Kapitalwert nach jedem Jahr. Man tut also so, als ob die Maschine nach dem 1. Jahr verkauft würde, nach dem 2. Jahr usw. Die optimale Nutzungsdauer läuft dann bis zu dem Jahr mit dem höchsten Kapitalwert.

Investitionssumme 20.000 €, Auszahlungen im 1. und 2. Jahr je 2.000 €, Einzahlungen vom 1. bis 3. Jahr je 3.200 €, Liquidationserlös im 1. Jahr 18.000 €, im 2. Jahr 15.000 €

Berechnung der Kapitalwerte, wenn

im 1. Jahr verkauft wird

	t_0	t_1
Investition	- 20.000	
Auszahlungen		- 2.000
Einzahlungen		+ 3.200
Liquidationserlös		+ 18.000
	- 20.000	+ 19.200

im 2. Jahr verkauft wird

	t_0	t_1	t_2
Investition	- 20.000		
Auszahlungen		- 2.000	- 2.000
Einzahlungen		+ 3.200	+ 3.200
Liquidationserlös			+ 15.000
	- 20.000	+ 1.200	+ 16.200

Berechnung der Kapitalwerte: Mit dem vorgegebenen Zinssatz werden die Summen von t_1 bis t_n abgezinst, die Barwerte addiert und davon die Anfangsauszahlung abgezogen. Die optimale Nutzungsdauer läuft bis zu dem Jahr mit dem höchsten Kapitalwert.

Kapitalwert bei Verkauf im 1. Jahr	Kapitalwert bei Verkauf im 2. Jahr	Kapitalwert bei Verkauf im 3. Jahr	Kapitalwert bei Verkauf im 4. Jahr
C_0 = ... €	C_0 = ... €	C_0 = ... €	usw.

6.25.2 Wirtschaftlich optimaler Ersatzzeitpunkt bei identischen Projektketten

Wird eine Investition immer wieder durch eine neue Investition gleicher Art ersetzt, ist der optimale Ersatzzeitpunkt erreicht, wenn der Einkommenszuwachs pro Jahr der alten Maschine unter den Einkommenszuwachs sinkt, den die neue Maschine voraussichtlich über die Verzinsung zum Kalkulationszinsfuß hinaus erwirtschaftet. Dieser durchschnittliche Einkommenszuwachs wird durch die Höhe der Annuität ausgedrückt.

Man berechnet die Kapitalwerte pro Jahr wie beim wirtschaftlich optimalen Ersatzzeitpunkt bei einmaligen Projekten und ermittelt dann daraus die jeweilige Annuität. Die höchste Annuität zeigt den wirtschaftlich optimalen Ersatzzeitpunkt an.

	t_1	t_2	t_3	t_4
Kapitalwerte	... €	... €	... €	usw.
Annuität	... €	... €	... €	usw.

6.25.3 Wirtschaftlich optimaler Ersatzzeitpunkt bei unterschiedlichen Projektketten

Vergleich der Grenzkosten der alten Anlage mit den Durchschnittskosten der neuen Anlage

Eine alte Anlage wird ersetzt, wenn die Durchschnittskosten der neuen Anlage unter den Grenzkosten der alten Anlage liegen. Man vergleicht die Annuitäten der neuen Anlage mit den Grenzkosten der alten Anlage. Grenzkosten sind die Kosten, die bei der Produktion einer weiteren Einheit - oder auch eines weiteren Jahres - anfallen.

Berechnung der **Durchschnittskosten/Annuitäten** der **neuen Anlage** (siehe einmaliges Projekt)

- Ermittlung der Kapitalwerte unter Berücksichtigung der Anschaffungsauszahlung, wenn die Anlage ein Jahr genutzt würde, 2 Jahre genutzt würde usw.
- Berechnung der Annuitäten aus den Kapitalwerten

	t_1	t_2	t_3	t_4
Kapitalwerte	...€	...€	...€	usw.
Annuität	...€	...€	...€	usw.

Berechnung der **Grenzkosten** der **alten Anlage**

- Laufende Kosten
- Verringerung des Restwertes (Liquidationserlöses) im Vergleich zum Vorjahr
- Zinsverlust auf den höheren Restwert des Vorjahres

	t_0	t_1	t_2	t_3
Restwert	27.000€	20.250€	10.800€	usw.

	t_0	t_1	t_2
Laufende Kosten	-	...€	...€
Verringerung des Restwertes	-	6.750€ (27.000€ - 20.250€)	9.450€ (20.250€ - 10.800€)
Zinsverlust	-	2.700€ (10 % von 27.000€)	2.025€ (10 % von 20.250€)
Summe der Grenzkosten		...€	...€

Gegenüberstellung der **Annuitäten** der neuen Anlage und der **Grenzkosten** der alten Anlage

	t_1	t_2	usw.
Annuitäten der neuen Anlage	...€	...€	
Grenzkosten der alten Anlage	...€	...€	

Vergleich der durchschnittlichen Einzahlungsüberschüsse

Ein Vergleich der durchschnittlichen Einzahlungsüberschüsse der alten und der neuen Anlage trifft eine Aussage über den wirtschaftlich optimalen Ersatzzeitpunkt.

Alte Anlage	Neue Anlage
Einzahlungsüberschüsse, 4 Jahre Restnutzungsdauer, aktueller (!) Restwert	Anschaffungsauszahlung, Restwert nach 4 Jahren (!), Einzahlungsüberschüsse

Alte Anlage: Berechnung der durchschnittlichen Einzahlungsüberschüsse

- Abzinsung der Einzahlungsüberschüsse
- Bildung der Summe der Barwerte
- Kapitalwert unter Berücksichtigung des aktuellen Restwertes als entgangene Einnahme berechnen (Summe der Barwerte abzüglich Restwert)
- Ermittlung der durchschnittlichen Einzahlungsüberschüsse (Kapitalwert · Annuitätenfaktor)

	t_1	t_2	t_3	t_4
Einzahlungsüberschüsse	...€	...€	...€	...€
Abzinsungsfaktor				
Barwerte				

Summe der Barwerte abzüglich aktueller Restwert = Kapitalwert
Kapitalwert · Annuitätenfaktor = durchschnittlicher Einzahlungsüberschuss

Neue Anlage: Berechnung der durchschnittlichen Einzahlungsüberschüsse

- Abzinsung der Einzahlungsüberschüsse
- Bildung der Summe der Barwerte
- Abzinsung des Restwertes auf t_0
- Kapitalwert = Summe der Barwerte + abgezinster Restwert – Anschaffungsauszahlung
- Ermittlung der durchschnittlichen Einzahlungsüberschüsse (Kapitalwert · Annuitätenfaktor)

	t_1	t_2	t_3	t_4
Einzahlungsüberschüsse	...€	...€	...€	...€
Restwert				...€
Abzinsungsfaktor				
Barwerte der Einzahlungsüberschüsse	...€	...€	...€	...€
Barwert des Restwertes				...€

Summe aller Barwerte (Einzahlungsüberschüsse, Restwert) - Anschaffungsauszahlung = Kapitalwert

Kapitalwert · Annuitätenfaktor = durchschnittlicher Einzahlungsüberschuss

Ein Vergleich der durchschnittlichen Einzahlungsüberschüsse von neuer und alter Anlage gibt Auskunft darüber, ob sich jetzt ein Ersatz lohnt. Soll die Frage geklärt werden, ob es sich nächstes Jahr oder übernächstes Jahr lohnt, muss die Rechnung unter den geänderten Voraussetzungen (t_1 wird zu t_0 usw.) und mit den neuen Daten erneut ausgeführt werden.

Durchschnittlicher Einzahlungsüberschuss alte Anlage	...€
Durchschnittlicher Einzahlungsüberschuss neue Anlage	...€

Vergleich der Kosten von neuer und alter Anlage, Kostenvergleichsrechnung

Hier werden die Kosten von neuer und alter Anlage zum aktuellen Zeitpunkt verglichen. Sind die Gesamtkosten der alten Anlage niedriger als die der neuen Anlage, so lohnt sich zum jetzigen Zeitpunkt die Ersatzinvestition nicht (siehe Kostenvergleichsrechnung).

Kostenvergleich	Alte Maschine	Neue Maschine
Abschreibung pro Jahr	---	...€
Verringerung des Liquidationserlöses pro Jahr	... €	---
Zinsen pro Jahr	... €	... €
Sonstige fixe Kosten pro Jahr	... €	... €
Summe fixe Kosten	Zwischensumme	Zwischensumme
Variable Kosten pro Jahr (Material, Löhne, sonstige)	... €	... €
Summe variable Kosten	Zwischensumme	Zwischensumme
Gesamtkosten pro Jahr	Summe	Summe
Gesamtkosten pro Leistungseinheit	... €/Einheit	... €/Einheit

Vergleich der Gewinne von neuer und alter Anlage, Gewinnvergleichsrechnung

Hier werden die Gewinne von neuer und alter Anlage zum aktuellen Zeitpunkt verglichen. Die alte Maschine sollte ersetzt werden, wenn der Gewinn der neuen Maschine größer als der der alten Maschine ist (siehe Gewinnvergleichsrechnung).

Gewinnvergleich	Alte Maschine	Neue Maschine
Erlöse pro Jahr		
- fixe Kosten pro Jahr		
- variable Kosten pro Jahr		
= Gewinn pro Jahr		

Rentabilitätsrechnung

Geht es um den Ersatz einer Maschine, stellt sich die Frage nach der zusätzlichen Kostenersparnis. Die Minderkosten ergeben sich aus dem Vergleich der Kosten der neuen Anlage mit den Kosten der alten Anlage. Ergibt sich ein positiver Rentabilitätswert ist die alte Maschine zu ersetzen.

$$\text{Rentabilität} = \frac{\text{Minderkosten in € pro Jahr} \cdot 100}{\dfrac{\text{Anschaffungskosten neue Anlage} + \text{Restwert neue Anlage} - \text{Restwert alte Anlage}}{2}}$$

$$\text{Rentabilität} = \frac{(\text{Kosten alte Maschine pro Jahr} - \text{Kosten neue Maschine pro Jahr}) \cdot 100}{\dfrac{\text{Anschaffungskosten neue Anlage} + \text{Restwert neue Anlage} - \text{Restwert alte Anlage}}{2}}$$

$$\text{Rentabilität} = \frac{(20.000\ € - 18.000\ €) \cdot 100}{\dfrac{100.000\ € + 15.000\ € - 5.000\ €}{2}} = 3{,}64\,\%$$ Der Ersatz lohnt sich.

$$\text{Rentabilität} = \frac{(14.000\ € - 18.000\ €) \cdot 100}{\dfrac{100.000\ € + 15.000\ € - 5.000\ €}{2}} = -7{,}27\,\%$$ Der Ersatz lohnt sich nicht.

Tipp! Zu den Kosten der alten Maschine zählt z.B. auch, wenn deren Kapazität inzwischen nicht mehr ausreicht und deshalb Produkte von Lieferanten zugekauft werden müssen.

Amortisationsrechnung

Die alte Maschine ist zu ersetzen, wenn die errechnete Amortisationszeit kleiner als die vom Unternehmen vorgegebene Amortisationszeit ist. **Kalkulatorische Zinsen**, die die tatsächlichen Fremdkapitalzinsen übersteigen, werden im Nenner berücksichtigt, wenn sie bei der Ermittlung der Kosten berechnet wurden.

$$\text{Amortisationszeit} = \frac{\text{Anschaffungskosten neue Maschine} - \text{Restwert neue Maschine}}{\text{ersparte Kosten} + \text{zusätzliche Abschreibungen}}$$

$$\text{Amortisationszeit} = \frac{\text{Anschaffungskosten neue Maschine} - \text{Restwert neue Maschine}}{\text{ersparte Kosten} + \text{zusätzliche Abschreibungen} + \text{kalk. Zinsen}}$$

6.26 Vergleich sich ausschließender Alternativen

Sind von Investitionsprojekten die Annuitäten bekannt, sind diese nur bei gleicher Nutzungsdauer direkt vergleichbar. Bei unterschiedlichen Laufzeiten muss die Umrechnung auf eine einheitliche Laufzeit vorgenommen werden (Anpassung der kürzeren an die längere Laufzeit oder umgekehrt).

Projekt 60	Annuitätenreihe bei 4 Jahren Laufzeit				
	t_0	t_1	t_2	t_3	t_4
	0	+ ... €	+ ... €	+ ... €	+ ... €

Projekt 63	Annuitätenreihe bei 3 Jahren Laufzeit			
	t_0	t_1	t_2	t_3
	0	+ ... €	+ ... €	+ ... €

Ermittlung des vorteilhafteren Projektes durch Vergleich der Kapitalwerte

Die Multiplikation der Annuität mit dem Barwertfaktor ergibt den jeweiligen Kapitalwert.
Annuität Projekt 60 · (Renten-)Barwertfaktor = Kapitalwert
Annuität Projekt 63 · (Renten-)Barwertfaktor = Kapitalwert
Der höhere Kapitalwert gibt die relativ vorteilhaftere Investition an.

Ermittlung des vorteilhafteren Projektes durch Umformung zu Annuitäten mit gleichen Laufzeiten

Entweder man passt die kürzere an die längere Laufzeit an oder umgekehrt. Dazu muss der jeweilige Kapitalwert in eine Annuitätenreihe umgewandelt werden.

Kapitalwert Projekt 60 · Annuitätenfaktor bei 3 Jahren Laufzeit = Annuität Projekt 60

oder

Kapitalwert Projekt 63 · Annuitätenfaktor bei 4 Jahren Laufzeit = Annuität Projekt 63

Anpassung von Projekt 63 an Projekt 60					
	t_0	t_1	t_2	t_3	t_4
Projekt 60	0	+ ... €	+ ... €	+ ... €	+ ... €
Projekt 63	0	+ ... €	+ ... €	+ ... €	+ ... €

Anpassung von Projekt 60 an Projekt 63				
	t_0	t_1	t_2	t_3
Projekt 60	0	+ ... €	+ ... €	+ ... €
Projekt 63	0	+ ... €	+ ... €	+ ... €

6.27 Differenzinvestition

Die Differenzinvestition kann angewendet werden, um von zwei absolut vorteilhaften Investitionsobjekten das relativ bessere Objekt herauszufinden. Der Kapitalwert einer Differenzinvestition ist gleich der Differenz der Kapitalwerte der Investitionen.

Tipp! Ist der Kapitalwert der Differenzinvestition größer Null, ist die erste Zahlungsreihe günstiger. Ist der Kapitalwert der Differenzinvestition kleiner Null, ist die zweite Zahlungsreihe günstiger.

Tipp! Die Differenzzahlungsreihe erhält man durch Subtraktion der Zahlungsreihen der Objekte. Dabei ist darauf zu achten, dass sich als erstes Vorzeichen der Differenz stets ein Minuszeichen ergibt.

		t_0	t_1	t_2	t_3
Erste Zahlungsreihe	Objekt AN	- 3.700€	...€	...€	usw.
Zweite Zahlungsreihe	Objekt NA	- 3.200€	...€	...€	
Differenzinvestition		! - 500€	...€	...€	

Nach Bildung der Differenzinvestition muss davon der Kapitalwert berechnet werden. Je nachdem, ob der Kapitalwert positiv oder negativ ist, ist die „erste" oder die „zweite" Zahlungsreihe das relativ bessere Objekt.

Stichwortverzeichnis

Herausgeber und Autorin

FORUM Berufsbildung ist ein freier und gemeinnütziger Bildungsträger in Berlin, der sich insbesondere für eine teilnehmerorientierte und praxisnahe Weiterbildung einsetzt. Seit 1985 bietet das FORUM Berufsbildung Fortbildungen, Umschulungen, Fernlehrgänge, Ausbildungen, Seminare und berufsbegleitende Weiterbildung an. Ein großer Teil der Maßnahmen schließt mit externen (Kammer-)Prüfungen ab. Nicht nur die Nähe zur Praxis und die hohe Qualifikation der Dozenten zeichnen das Bildungsangebot aus, sondern auch der enge Kontakt zwischen Teilnehmern, Lehrkräften und Studienleitern. Mit diesen umfassenden Erfahrungen mit beruflicher Qualifikation und Prüfungsvorbereitung und als unabhängiger und neutraler Bildungsträger fungiert das FORUM Berufsbildung als beratender Herausgeber für die Reihe „Grundwissen".

Johanna Härtl hat vor Gründung ihrer eigenen Akademie für Fortbildung und Qualifizierung von Erwachsenen, in der sie heute aktiv tätig ist, eine Ausbildung zur Speditionskauffrau und ein Studium der Wirtschaftswissenschaften absolviert. Sie war u.a. als Ausbilderin tätig und nahm eine abwechslungsreiche Dozententätigkeit auf. Durch den Einsatz eigener Unterlagen entwickelte sich eine Autorenschaft für Fach- und Prüfungsbücher. Weitere Informationen finden Sie unter www.suabelis-akademie.com